El ministerio del cuidado congregacional

Guía para la implementación

El
ministerio del
cuidado congregacional

Guía para la
implementación

Karen Lampe
Melissa Gepford

Traducido por Alma W. Pérez

EL MINISTERIO DEL CUIDADO CONGREGACIONAL

GUÍA PARA LA IMPLEMENTACIÓN

Nashville

*EL MINISTERIO DEL CUIDADO
DE LA CONGREGACIÓN*

Guía para la implementación.

Derechos de autor ©2023 por Abingdon Press

Todos los derechos reservados.

A menos que se indique específicamente, todos los derechos sobre este material están reservados por Abingdon Press y ninguna parte podrá ser reproducida o transmitida en ninguna forma o ni por ningún medio electrónico o mecánico, incluyendo fotocopias o grabaciones, ni mediante sistemas para guardar o recuperar información, excepto bajo las condiciones expresamente permitidas por la Ley de Derechos de Autor de 1976 o con permiso de la Casa Metodista Unida de Publicaciones. Las peticiones para la autorización de permisos de uso pueden dirigirse a Permissions, The United Methodist Publishing House, 810 12th Avenue South, Nashville, TN 37203, o enviar un correo electrónico a permissions@umpublishing.org.

ISBN 9781791031237

Citas bíblicas tomadas de las siguientes fuentes:

La Biblia: Palabra de Dios para Todos (PDT) Copyright © 2005, 2008, 2012, 2015 Centro Mundial de Traducción de La Biblia.

Santa Biblia, NUEVA VERSIÓN INTERNACIONAL® NVI® © 1999. 2015 por Biblica, Inc.® Usado con permiso de Biblica, Inc.® Reservados todos los derechos en todo el mundo. Used by permission. All rights reserved worldwide.

Dios habla hoy (DHH) ®, © Sociedades Bíblicas Unidas, 1966, 1970, 1979, 1983, 1996. Usado con permiso.

MANUFACTURED IN THE UNITED STATES OF AMERICA

Índice

ix Introducción

PRIMERA PARTE: AL ESTABLECER SU MINISTERIO DEL CUIDADO CONGREGACIONAL

3   Capítulo 1: Primeros pasos esenciales: Reclutar y capacitar
14 Capítulo 2: Segundo paso esencial: Identificar los roles y responsabilidades
21 Capítulo 3: Tercer paso esencial: Establecer el sistema de la documentación
38 Capítulo 4: Cuarto paso esencial: La evaluación
49 Capítulo 5: Quinto paso esencial: Crear conciencia de la necesidad del cuidado congregacional

SEGUNDA PARTE: LA PREPARACIÓN DE SUS MINISTROS DEL CUIDADO CONGREGACIONAL (MCC)

59   Capítulo 6: Fundamentos teológicos
69   Capítulo 7: En todas las cosas, ¡ore primero!
92   Capítulo 8: Los límites
101 Capítulo 9: Escuchar pastoralmente y la guía espiritual
118 Capítulo 10: La visitación
140 Capítulo 11: Guiar a través de los valles de sombra
166 Capítulo 12: La documentación y las logísticas

TERCERA PARTE: EL CUIDADO DE LAS PERSONAS EN CRISIS

173 Capítulo 13: La crisis y el trauma
191 Capítulo 14: El ministerio de la salud mental
212 Capítulo 15: El ministerio de la recuperación
219 Capítulo 16: El trauma comunitario

APÉNDICES - FORMULARIOS

226 Apéndice A: Notas del cuidado pastoral
228 Apéndice B: Información contacto de la familia
229 Apéndice C: Evaluación del cuidado espiritual
230 Apéndice D: Lista de cotejo del cuidado espiritual
231 Apéndice E: Contrato para la seguridad y la autoayuda
232 Apéndice F: Autobiografía espiritual
235 Apéndice G: Permiso para el referido
236 Apéndice H: Cuidado congregacional: Expediente del miembro – registro de contacto
237 Apéndice I: Cuatro estudios de casos

239 Reconocimientos

Señor, hazme instrumento de tu paz.
Donde haya odio, siembre yo amor;

donde haya injuria, perdón; donde haya duda, fe;
donde haya desaliento, esperanza; donde haya oscuridad, luz;

y donde haya tristeza, alegría.

Oh Divino Maestro, haz que no busque ser consolado sino consolar;
que no busque ser comprendido sino comprender;

que no busque ser amado sino amar; porque dando es como recibimos;
perdonando es como tú nos perdonas;
y muriendo en ti es como nacemos en vida eterna.

—San Francisco de Asís

Introducción

El ministerio del cuidado congregacional es el corazón de la iglesia, y debe desarrollarse cuidadosamente para ayudarnos a todos a superar los momentos de desafíos. Los ministros del cuidado congregacional (MCC, de ahora en adelante) son voluntarios clave que trabajan junto con su pastor/pastora para ayudar a brindar el cuidado cristiano a la familia de la iglesia. Este libro está diseñado para capacitar tanto a pastores, como a voluntarios, para que juntos puedan organizar métodos de brindar el cuidado pertinente a las necesidades de esta época actual.

Quizás se pregunte si tiene la capacidad para crear, liderar y hacer este ministerio. Gran parte de su capacidad de proveer cuidados nace de su propia historia de vida, porque sean cuales sean las situaciones que haya enfrentado en la vida, Dios puede ayudarlo/la a tomar esos desafíos, convertirlos en oportunidades y sacar provecho de ellos.

Todo el mundo tiene una historia sobre su vida que implica desafíos y opciones. El simple hecho de ser humanos significa que nos enfrentamos con situaciones complejas. El tiempo en que yo (Karen) crecí no fueron los más fáciles.

Cuando tenía poco más de veinte años, me encontré en una situación muy abusiva en el ámbito profesional. Esa experiencia me ayudó a entender la salvación mejor que antes. La profundidad de mi dolor y vergüenza hubiese experimentado la sanidad del poder de las voces del movimiento #MeToo. Un voluntario increíble de nuestra iglesia nos ayudó a sobrevivir tanto a mí como a mi matrimonio. Fue entonces cuando llegué a entender el poder del mensaje del evangelio.

Introducción

A través de los desafíos de la vida descubrí que mi relación con Dios creció exponencialmente, especialmente, cuando entablé relaciones con personas de mi fe. El ayudarnos unos a otros a superar tiempos difíciles nos requiere un compromiso con los ministerios de sanidad de nuestras iglesias.

Si usted o un ser querido ha tenido miedo o dolor debido al cáncer, un desastre natural, cuestiones de identidad sexual/género, adicción, agresión, depresión, ansiedad o el suicidio de un ser querido, puede experimentar su resurrección que luego lo/la preparará para ayudar a los demás.

La Rev. Melissa Gepford y yo compartimos una visión de la importancia del cuidado de la congregación que se alimenta del empoderamiento del liderato laico con la esperanza de expandir el ministerio a la comunidad. Melissa y su esposo desarrollaron un ministerio del cuidado congregacional en una iglesia pequeña y, ahora, en una iglesia con una asistencia mediana. Ella tienes mucha experiencia en la organización de iglesias de cualquier tamaño, y usted encontrará muy útiles sus contribuciones provistas en este libro. La historia de vida de Melissa es dirigida por su devoción a esta tarea.

Cómo usar este libro

Este libro es esencial para establecer su ministerio del cuidado y trabajar continuamente en el desarrollo de los métodos prácticos del cuidado dentro de su equipo. Este libro incluye tres partes.

La primera parte le dará detalles sobre cómo organizar su ministerio del cuidado congregacional al seguir los cinco pasos esenciales. Cada paso se puede ajustar de acuerdo con el tamaño y a las necesidades de su iglesia. Tenga paciencia en cuanto a cómo usted evaluará y hará los cambios necesarios en el ministerio.

La segunda y tercera le proveerán temas pertinentes y prácticos relacionados con el cuidado. La segunda parte incluye seis capítulos, o las seis sesiones muy importantes del adiestramiento básico en el ministerio del cuidado congregacional. Algunas de las áreas de enfoque consideran temas tales como: los límites, la salud, la muerte y el escuchar pastoralmente.

La tercera parte incluye capítulos que abordan las necesidades específicas que pueda tener su comunidad, cuya información puede servir como las sesiones de capacitación de educación continua. Los problemas críticos que enfrentamos actualmente, como adicciones, depresión y ansiedad, suicidios, así como la pandemia y otras crisis de las comunidades causadas por climas extremos o crímenes de odio, están cubiertas a medida que avanzamos hacia una iglesia más pertinente en el siglo XXI.

El cuidado congregacional es un ministerio vital y sagrado de la iglesia. Dios nos ha llamado a caminar al lado de la gente durante sus momentos más cruciales, y por eso, es importante contar con sistemas efectivos que funcionen para tal propósito.

Historia de este método del cuidado congregacional

Este ministerio de los ministros del cuidado congregacional nació en la Iglesia Metodista Unida de la Resurrección [Church of Resurrection UMC] cuando nos dimos cuenta de que nuestro ministerio podría ser mucho más efectivo si tuviéramos un grupo de voluntarios capacitados para ayudarnos con todos los ministerios solidarios, incluidos: las llamadas al hospital, los grupos/clases de apoyo, el escuchar pastoral y cualquier otra cantidad de atención de necesidades. Los MCC se volvieron esenciales para nuestro ministerio, y ahora ese ministerio ha sido compartido con iglesias a lo largo de los Estados Unidos de Norteamérica. Este modelo del cuidado congregacional se ha utilizado y adaptado en muchas denominaciones, y puede adaptarse a iglesias de cualquier tamaño.

Conceptos clave

A lo largo de este libro se enfatizan cuatro conceptos clave.
1. Adopte el trabajo en equipo. No hay llaneros solitarios en este ministerio. Jesús tenía un equipo. Nosotros necesitamos equipos que nos ayuden a ser la comunidad de la fe.

2. Confíe en que el Espíritu Santo la/lo estará guiando en todos los aspectos de su ministerio. Nunca está solo/sola y Dios le dará las herramientas que necesita para cada situación que enfrente.

3. Evaluar, evaluar, evaluar. He tenido un cartel en mi oficina durante muchos años que dice: «No tengas miedo al cambio, ten miedo de no cambiar». Este cartel se ha convertido en una oración para mí al invitar a otros al trabajo de ser una iglesia relevante. Siempre busque nuevas formas de mantener su ministerio eficaz y ágil.

4. Sobre todas las cosas, ¡ore primero! Todo lo que hacemos debe estar respaldado con el discernimiento que viene de la oración.

Así que, con eso en mente oremos:

Dios misericordioso y amoroso, venimos a ti muy agradecidos por todas las formas en que nuestras vidas han sido desafiadas, porque sabemos que en esos momentos tú nos has ayudado a crecer y a convertirnos en las personas que somos ahora. Danos valentía para entregarte cada experiencia de vida, para que puedas continuar usándonos para cuidar como Cristo a un mundo herido. Todo esto oramos en el nombre de Cristo. Amén.

La teología

Nuestra teología, y cómo la expresamos, es fundamental para los ministerios del cuidado de nuestra iglesia. Tenemos muchas preguntas acerca de cómo Dios trabaja en el mundo:

o ¿Por qué un Dios de amor permite el sufrimiento?

o ¿Cuál es la diferencia entre sanar y curar?

o ¿Cómo podemos facilitar el proceso de redención?

o ¿Siguen ocurriendo los milagros?

Y la lista continúa. Sin embargo, de este lado de la eternidad, ninguno de nosotros comprende completamente cómo el poder de Dios trabaja en nosotros y a través de nosotros. Al estudiar la vida de Jesús, entendemos que su ministerio de sanidad fue una prioridad para él. Ahora nos llama a seguirlo y cuidar de sus corderos/ovejas. Jesús nos desafía en Juan 14:12 (NVI): «Ciertamente les aseguro que el que cree en mí las obras que yo hago también él [ella] las hará, y aun las hará mayores, porque yo vuelvo al Padre». De la manera en que podemos definir nuestra parte en el ministerio de sanidad de Jesús es parte integral de nuestra teología. De este modo reconocemos nuestra propia necesidad de crecer en nuestra fe a través de la experiencia, la razón, las Escrituras y la tradición. Este texto explorará y desarrollará nuestro fundamento teológico sobre el cuidado para que Dios pueda usarnos como sanadores.

La organización

Uno de mis mentores y maestros me dijo: «Karen, puedes hacer que la gente lea los libros y les enseñes a través de un seminario, pero necesitan entender los conceptos básicos de la organización del ministerio». Esta afirmación es muy cierta.

Como he enseñado a iglesias de todos los tamaños en todo el país, se ha vuelto cada vez más claro que hay cinco pasos esenciales para organizar este ministerio. Estas ideas importantes se abordan en detalle a lo largo del libro. A continuación, exploraremos en detalle estos cinco pasos esenciales:

Cinco pasos esenciales para organizar su ministerio del cuidado

1. Reclutar y capacitar. Elegir y formar a los laicos para que sean ministros del cuidado congregacional (MCC). No tenga miedo de empoderar a laicos talentosos para que usen sus dones y talentos. El adiestramiento y el envío para servir al ministerio llevará tiempo, ¡pero valdrá la pena! La iglesia y la comunidad

serán bendecidas sin medida, y quienes sean capacitados también encontrarán nuevos propósitos en sus vidas.

2. Identificar los roles y las responsabilidades. Elegir voluntarios claves, quienes ayudarán al pastor/pastora a organizar, clasificar y asignar al ministerio a los otros voluntarios.

3. Establecer el sistema de documentación. Crear sistemas de documentación confidencial en formatos electrónicos e impresos.

4. Evaluar. Evalúe las necesidades actuales del cuidado de su iglesia y la comunidad. ¿Tiene ministerios de apoyo que sean efectivos? Por ejemplo, durante los últimos años, ha habido una epidemia de nuevas adicciones en todo el país. ¿Quiénes son los campeones que podrían ayudarlo/la a desarrollar un ministerio de recuperación? Sueñe en grande sobre cómo ofrecerá el cuidado, no solo para individuos, sino también para todas las personas de su comunidad.

5. Construya la necesidad del ministerio del cuidado. Comunique a su congregación su entusiasmo sobre los MCC, y la importancia de los ministerios de sanidad de la iglesia.

Este sistema trabaja mejor al tener tres roles de colaboración

1. *El director/la directora del cuidado congregacional*: por lo general, este rol está representado por un pastor/una pastora; son responsables de establecer y mantener el ministerio del cuidado congregacional. Las responsabilidades incluyen, pero no se limitan a: reclutar, capacitar y proporcionar evaluación continua.

2. *La ministra/el ministro del cuidado congregacional (MCC)*: los laicos se convierten en MCC mediante los procesos de solicitud y reclutamiento. Una vez que están capacitados y comisionados, sus responsabilidades podrían incluir: visitas, llamadas, reuniones individuales y liderazgo de grupos de cuidado.

3. *El despachador/la despachadora*: recibe todas las solicitudes de oraciones y visitas, llamadas y peticiones sometidas, y trabaja con el director/la directora del cuidado congregacional para asignar a los MCC a cada solicitud recibida. Para iglesias pequeñas a medianas, el director/la directora del cuidado congregacional actúa como el despachador. Las iglesias más grandes pueden necesitar un despachador/una despachadora para hacer llamadas al hospital, además, de distintos despachadores para el cuidado de personas mayores o peticiones personales de oración.

Cómo funciona este modelo

Cuidar de las personas puede ser complicado. Reconocemos que la preocupación de cada persona o crisis es única, y requerirá sabiduría para determinar el siguiente paso correcto para sus situaciones. A medida que prosiga la lectura de este manual, encontrará detalles y advertencias para abordar posibles situaciones del cuidado. Para evitar confusiones o quedar atrapado en la maleza, hemos esbozado tres pasos generales para brindar el cuidado de manera efectiva como congregación. Discutiremos cada paso en los siguientes capítulos.

1. *El recibo y el despacho de una solicitud de necesidad de cuidado*: el director/la directora y el despachador/la despachadora recopilan, seleccionan y asignan cada solicitud de cuidado a un/una MCC.

2. *El seguimiento*: los MCC reciben sus asignaciones semanalmente, y dan seguimiento a quienes solicitan el cuidado.

3. *La documentación*: después de cada seguimiento asignado, el/la MCC documenta la interacción que tuvo con la persona que le brindó el cuidado.

Introducción

Ahora que tiene una vista panorámica del ministerio del cuidado congregacional, nuestra oración es que usted esté aún más convencido/convencida de que este sistema simple y modernizado, pero robusto y versátil, lo/la bendecirá a usted y a su congregación. En la primera parte del libro, explicaremos cómo configurar su ministerio del cuidado congregacional al usar los cinco pasos esenciales.

La evaluación de su comunidad

Vuélvase vulnerable por unos minutos, y reflexione, en actitud de oración, sobre sus experiencias de vida. Considere algunos de los momentos de su vida más importantes y transformadores, y cómo la iglesia ha sido parte integral de su jornada.

1. ¿A qué le está llamando Dios a hacer?
2. ¿Cómo su historia ayudará al ministerio del cuidado a crecer?
3. ¿Cuáles son los recursos que necesita para iniciar este ministerio?
4. ¿Quién puede ayudarlo/la a organizarlo este ministerio?

Primera Parte
Al establecer su ministerio del cuidado congregacional

Capítulo UNO

Los primeros pasos esenciales: Reclutar y capacitar

Gracias, Dios Creador, por dotar a tu pueblo con compasión y entusiasmo al cuidarse unos a otros. Te pedimos que nos ayudes a animarnos unos a otros en este viaje, para que ciertamente, podamos ofrecer el ministerio de sanidad como el de Cristo, para todos los que anhelan una mayor paz, nuevas fuerzas y gracia más allá de toda medida. Todo esto oramos en el nombre de Cristo. Amén.

Yo (Melissa) lo recuerdo como si fuera ayer. Mi esposo, Bill, fue el pastor solitario de una iglesia pequeña en un pueblo de cinco mil habitantes. Todavía no había sido comisionada como ministra diaconal en Iglesia Metodista Unida, pero trabajé en el personal de la iglesia como coordinadora de discipulado. Era un día de semana ocupado en la oficina, cuando recibimos una llamada en la iglesia. Uno de nuestros miembros estaba en el hospital de Kansas City, a solo cuarenta y cinco minutos al este de nosotros. Bill subió al auto y se dirigió hacia el este.

Quince minutos después de haber salido hacia el hospital, sonó su teléfono celular. Otra miembro de la congregación se encontraba en la Unidad de Cuidados Intensivos; era una situación urgente. Sin embargo, ella estaba en el hospital en Lawrence, a treinta minutos al oeste de nuestro pueblo pequeño. ¿Mencioné que Bill se dirigía al este? Es un dilema en

Capítulo Uno

el que ningún pastor o pastora quiere encontrarse: ¿Quién «recibe» mi cuidado hoy? Pero esa fue la elección que tuvo que hacer Bill. Ese fue el día que (Bill y yo, junto con otras dos almas dotadas por Dios de nuestra iglesia, de quienes hablaré más adelante), estábamos matriculados en el seminario «El cuidado congregacional», organizado por la Revda. Karen Lampe, en la Iglesia Metodista Unida de la Resurrección.

Espero que su experiencia no haya sido tan contundente como la nuestra, pero me imagino algo... un evento, un dilema, un error—la/lo llevó a tomar este adiestramiento. A medida que la iglesia en EE. UU. del siglo XXI observa las realidades del deterioro de la salud física y mental de nuestro país, las crisis financieras y el inevitable «tsunami de la muerte» predicho por el Revdo. Dr. Lovett Weems, queda muy claro que, un modelo del cuidado centrado en el pastor o la pastora, simplemente, no es sostenible. No podemos hacer esto solos, ¡y nunca debimos hacerlo!

Un caso para el laicado

Mucho antes de la llegada de los teléfonos inteligentes, las redes sociales y la accesibilidad de información durante las veinticuatro horas, los líderes ministeriales tenían que cuidar del rebaño. Y de alguna manera, todavía tenían tiempo para atender su propio crecimiento espiritual, y adoptar pasatiempos como criar perros (Rev. John Russell) o escribir libros completos sobre el cuidado de la salud (Revdo. Juan Wesley).

El apóstol Pablo, posiblemente, el plantador de iglesias más eficaz de la historia, plantaba iglesias y luego seguía a otras partes. ¿Cómo es que ese modelo fue sostenible, y por qué floreció de la manera que lo hizo? Todos los seres humanos tienen ciertos dones, habilidades y capacidades, pero no por accidente. Dios nos dio estos dones, y nos ha llamado a cada uno de nosotros a usarlos para ser de bendición en el mundo. Pablo habla de la iglesia que trabaja como un cuerpo en 1ª a los Corintios 12:12-18, NVI:

> De hecho, aunque el cuerpo es uno solo, tiene muchos miembros, y todos los miembros, no obstante ser muchos, forman un solo cuerpo. Así sucede con Cristo. Todos fuimos bautizados por un solo Espíritu para constituir un solo cuerpo —ya seamos judíos o gentiles, esclavos o libres—, y a todos se

nos dio a beber de un mismo Espíritu. Ahora bien, el cuerpo no consta de un solo miembro, sino de muchos. Si el pie dijera: «Como no soy mano, no soy del cuerpo», no por eso dejaría de ser parte del cuerpo. Y, si la oreja dijera: «Como no soy ojo, no soy del cuerpo», no por eso dejaría de ser parte del cuerpo. Si todo el cuerpo fuera ojo, ¿qué sería del oído? Si todo el cuerpo fuera oído, ¿qué sería del olfato? En realidad, Dios colocó cada miembro del cuerpo como mejor le pareció.

En mi tiempo sirviendo en el equipo de Excelencia Congregacional para la Conferencia Anual de los Grandes Llanos, he aprendido que el ingrediente clave para una congregación excelente es tener un laicado excelente —gente que está convencida de su llamado al ministerio en cada vocación, que usa sus dones dados por Dios para hacer discípulos de Jesucristo para la transformación del mundo. Pastores/pastoras: es hora de quitarse del camino. Su gente ha sido dotada por Dios —unos para cuidar de otros— y cuando tomamos las riendas por nosotros mismos (pastores), negamos a las personas (laicado) la oportunidad de ser quienes fueron llamadas a ser.

La primera clase

El viaje desde al seminario «El cuidado congregacional» hasta nuestro hospedaje fue de cuarenta y cinco minutos. Después de dos días de emparparnos de todo lo que pudimos en el seminario, se pensaría que estaríamos agotados. ¡No fue así! De camino a casa, nuestro equipo, compuesto por mi esposo; Carissa, nuestra líder del grupo de jóvenes; Alice, una laica talentosa, y yo, pasamos los cuarenta y cinco minutos involucrados en una lluvia de ideas, adaptación y comienzo del primer y, paso más vital para un ministerio del cuidado congregacional exitoso: identificar esa primera clase de ministros del cuidado congregacional.

El ministro o la ministra del cuidado congregacional (MCC) es la base del ministerio. Sin ministros, se derrumba el sistema. Por eso son tan vitales las primeras etapas, en las cuales se eligen a las personas adecuadas con las disposiciones adecuadas para servir. La siguiente sección la/lo ayudará a identificar las cualidades de un/una MCC ideal.

Capítulo Uno

El/la MCC ideal

El ministerio del cuidado congregacional sigue el modelo de Jesús, quien sanó a los enfermos, cuidó de los pobres ,y tuvo compasión de quienes sufrían física, mental, espiritual y sistémicamente. Al leer los evangelios, nos encontramos con el Sanador herido, dispuesto a tocar a los intocables, a interactuar con aquellos a los márgenes de la sociedad, y liberar a las personas de todo tipo de dolencias con compasión, dignidad y empatía. Este es el ejemplo que seguimos como discípulos de Cristo y como ministros del cuidado congregacional.

Es más fácil decirlo que hacerlo, ¿verdad? Sé que no estoy a la altura de ese estándar todo el tiempo, y la belleza de las buenas noticias es que hay gracia cuando no emulamos a Jesús tan bien como nos gustaría. Y la belleza del modelo del ministerio del cuidado congregacional es que, mientras nos esforzamos por encarnar el ejemplo de Jesús, también seguimos una larga e histórica tradición de cuidar a otros entre nosotros. El cuidado no se detuvo con Jesús. Antes de que Jesús fuera arrestado y crucificado, se sentó en una mesa con sus seres más cercanos, se levantó, se quitó su vestidura exterior, se envolvió una toalla en la cintura, y comenzó a lavar los pies de los discípulos. Fue una demostración impactante de servidumbre, una que los discípulos no entendían del todo. Jesús explicó todo su ministerio en ese acto subversivo: era el líder de un movimiento amenazando con derrocar el Imperio. Sin embargo, asumió el trabajo de un siervo. El camino de Jesús es el liderazgo de servicio, y nos llama a hacer lo mismo.

Esa misma noche, Jesús ordenó a sus discípulos que se amaran los unos a otros. Parece obvio, pero con un grupo como los discípulos, lleno de fanáticos y recaudadores de impuestos y colaboradores romanos, Jesús necesitaba decirlo en voz alta una vez más. Porque la única forma en que la gente sabrá que seguimos a Jesús es si nos amamos. Eso es todo. La forma en que nos amamos, la forma en que nos cuidamos los unos a los otros: ese es el modelo por el que nos esmeramos en realizar en el ministerio del cuidado congregacional.

Después de que Jesús ascendió al cielo, los discípulos continuaron su ministerio en la tierra. A medida que el movimiento crecía, se hizo evidente la necesidad de organizar la definición de roles y responsabilidades. Hechos

6 nos dice que las necesidades de algunas de las personas más vulnerables entre ellos eran que estaban siendo descuidados, por lo que los discípulos eligieron un grupo central de diakonia de siete. De esa palabra se deriva la palabra *diákono*, para proveer cuidado y preocupación a aquellos que lo necesitaban.

En el Nuevo Testamento, *diakonia* se refiere al ministerio de servicio, ayuda y apoyo. El significado inicial de este término describió a una persona que espera en mesas, luego se expandió su significado sobre alguien que se preocupaba por todas las necesidades del hogar, y finalmente pasó a significar servicios generales. Implica, naturalmente, un nivel de sometimiento personal a otra persona: alguien que pone las necesidades de una persona por encima de las propias.

Los diáconos, en la iglesia primitiva, eran personas que ayudaban en la logística de la liturgia; el anuncio de la Palabra y la misión cristiana, y ministerios generales en la iglesia, que incluían una variedad de acciones como el papel desarrollado de los diáconos. Los diáconos eran los líderes servidores, quienes ayudaban en el culto público, el cuidado de los pobres y la administración.

Una colección de tratados de la iglesia primitiva, conocida como las Constituciones Apostólicas, prescriben que los diáconos deben visitar «a todos los que están en necesidad de visitación», y Cipriano de Cartago exhortó a los que estaban en el ministerio a «orar siempre los unos por los otros» y a «aliviar las cargas y las aflicciones por medio del amor mutuo».

Líderes ministeriales: según comienzan a implementar el primer paso esencial, consideren al laicado que encarna el liderazgo de servicio, la oración y el amor mutuo, el cuidado y preocupación. ¿Quiénes vienen a su mente? Anoten sus nombres. Dejen que la lista sea tan corta o larga como se sientan guiados, luego oren por sus MCC potenciales.

De camino a casa, después del seminario, nos divertimos mucho intercambiando ideas sobre todas las personas entre nosotros que encarnan cualidades tan admirables y cristianas que, ¡encontramos que nuestra lista era en realidad demasiado larga! Nuestro promedio de la asistencia al culto era de alrededor de 175 personas, por lo que solo necesitábamos cinco MCC, en adición, a nuestro personal pastoral. No necesitábamos tanta gente como teníamos en la lista. Entonces, comenzamos a reducir el número de las personas, al utilizar los criterios provistos por el seminario «El cuidado congregacional»:

1. Miembro activo/activa que ha establecido una conexión profunda con la iglesia.
2. Asistencia regular al culto de adoración.
3. Posee un fundamento bíblico y teológico, y la voluntad para aprender.
4. Tiene conocimiento y estudia las Escrituras para proporcionar una base para el ministerio del cuidado congregacional.
5. Busca activamente crecer en la vida cristiana a través de la participación en un grupo pequeño o alguna otra forma del discipulado cristiano.
6. Es un cristiano o una cristiana profundamente comprometido/a, que vive una vida de fe a través de actos de piedad (amor a Dios) y actos de misericordia (amor al prójimo).
7. Da financieramente, en proporción a sus ingresos, con la meta de alcanzar el diezmo.
8. Tiene la certificación de *Santuarios Seguros*, o *Reuniones Seguras (Safe Gatherings)* o u otro tipo de certificación que prueba su comprensión sobre la importancia de establecer los límites. Cada iglesia necesita decidir qué tipo de certificación requerirá sobre este tema.
9. Se espera que se comprometa a dedicar, por lo menos, tres horas por semana a este ministerio.

Descubrimos que algunas de las personas en nuestra lista encarnaban todas estas cualidades, mientras que otras no fueron tan regulares en su asistencia al culto de adoración como nos hubiera gustado para ser un/una MCC. Un par de otros candidatos potenciales habrían encajado muy bien, pero ya sabíamos que estaban tan ocupados que no podrían comprometerse a servir la cantidad de tiempo necesario cada semana. Después de pasar un tiempo de discernimiento, identificamos a nuestros cinco MCC que serían parte de nuestra primera clase. Rápidamente, empezamos a reclutar a las personas identificadas.

Líderes ministeriales: revisen nuevamente su lista de posibles MCC. Identifiquen a cuántos les gustaría tener en su primera clase, y echen un vistazo a los criterios antes proporcionados. ¿Quiénes se destacan en sus listas ahora?

Al reclutar a sus MCC

Una vez que haya reducido su lista a quienes cree que sean excelentes MCC para formar su primera clase, ¡es hora de reclutar! Le proveemos algunos consejos para reclutar efectivamente a los MCC:

1. Orar, orar, orar. Ore por la iglesia, el ministerio, la gente que ha sido llamada a cuidar de los demás, y por quienes recibirán el cuidado en nombre de la congregación. Pídale a Dios que le dé sus ojos para ver los dones de quienes cuidan bien a los demás.

2. Sea exigente y practique el discernimiento. No esté de acuerdo con la gente «tibia» que aceptará su invitación. ¡Nosotros no trabajamos con una mentalidad de escasez!

3. Invite personalmente a solicitar este rol. Busque personas que se hayan identificado intencionalmente como posibles MCC. Las llamadas telefónicas, los correos electrónicos, los textos y los anuncios desde púlpito/boletines son muy útiles. Sin embargo, tenga cuidado en la forma en que extiende la invitación. Haga claro que hay un proceso para discernir si se es la persona idónea para este trabajo. Esta es una invitación, no una petición, un favor o una súplica. Invite a los solicitantes a unírsele para compartir el cuidado y la preocupación a favor de la congregación y la comunidad.

Note que el tercer punto es una invitación a solicitar. Incluso si ya tiene clara la idea de quienes deben formar su equipo de liderazgo central y los MCC, solicite a estas personas que llenen una solicitud. Esto es un paso vital a medida que el ministerio continúa creciendo y más y más personas estén interesadas en servir como MCC.

Es posible que confronte resistencia a la idea de tener este ministerio e, incluso, críticas por esto ya que muchos en las iglesias funcionan con una mentalidad de «primero en llegar, primero en ser atendido» o «registrarse para servir». Para algunos ministerios de la iglesia, ¡ese modelo es genial! Queremos dar oportunidades para que todas las personas sirvan de alguna manera en la iglesia. El ministerio del cuidado congregacional no es una de esas oportunidades. Los MCC se enviarán en nombre de la iglesia para brindar cuidado a las personas que están enfrentando algunos de los momentos más oscuros y confusos de sus vidas. Es imperativo examinar y capacitar a quienes compartirán con ellas en esos momentos.

Determine su proceso de selección con anticipación. Sugerimos un proceso de dos fases:

1. Pedir a cada persona que llene una solicitud, la cual requiere una biografía espiritual.
2. Después de la presentación de la solicitud, se realizan las entrevistas con un pastor /una pastora y un miembro del personal de la iglesia.

Considere las siguientes preguntas para la entrevista:

1. ¿Cuáles son dos o tres cosas en tu vida/historia de fe que han sido momentos decisivos para ti?
2. Háblame de cómo la adoración juega un papel en tu vida.
3. ¿Cuál ha sido tu jornada de discipulado hasta ahora?
4. ¿De qué manera has practicado el servicio cristiano?
5. Háblame de cualquier clase o estudio bíblico en el que hayas participado.
6. ¿Por qué quieres ser MCC? ¿Qué significa para ti una vida totalmente entregada a Dios?

7. ¿Cómo es tu práctica diaria de las disciplinas espirituales? ¿Cómo explicas la gracia? ¿Cuál es tu biografía de fe?

8. ¿Cuándo has tenido una experiencia desafiante en tu vida? ¿Qué hiciste? ¿Quién estaba involucrado? ¿Cómo manejaste esa situación? ¿De quién buscaste ayuda?

9. Imagina que le estás brindando cuidado a una persona. ¿Quién se está beneficiando de tu experiencia? ¿Dónde está Dios en esto?

Luego de terminar la entrevista informe al solicitante que alguien lo/la llamará pronto para informarle sobre el resultado de la entrevista. Termine la entrevista orando con él/ella. Después de la entrevista, informe sobre su entrevista al equipo; comparta las notas que escribió, y junto al equipo tomen decisiones. No todos los miembros de su congregación tendrán los dones y habilidades necesarios para cumplir con este rol del cuidado de la congregación. En estos casos, tratamos de dirigir a las personas a otras posibilidades de voluntariado, donde sus dones únicos se pueden utilizar mejor. Confíe en su instinto y en la experiencia colectiva de los otros. Es mucho mejor redirigir a los solicitantes a otra área del ministerio, temprano en el proceso de discernimiento, en lugar de tener una conversación difícil luego sobre otros posibles lugares para servir. Algunas preguntas para tener en cuenta mientras practica el discernimiento:

1. ¿Están sanadas las heridas pasadas?

2. ¿Necesitan más tiempo o experiencia para el estudio? Si es así, invítelos a volver a solicitar en el futuro.

3. ¿Habría una mejor opción para ejercer sus dones en un ministerio o área ministerial diferente?

La capacitación de sus MCC

Una vez que sus MCC hayan dicho que sí, es crucial capacitarlos bien. Los MCC se asociarán con los pastores para ofrecer algunos de los

Capítulo Uno

cuidados que antes realizaba el pastor/la pastora. Por lo que es importante que estas personas tengan conocimientos teológicos y formación bíblica básicos. Sugerimos equipar a sus MCC con conocimientos teológicos y entrenamiento bíblico a través de un estudio intensivo como *Discipulado: Transformados en discípulos por medio del estudio bíblico. Manual de estudio* [o *La Biblia a través de los ojos de Juan Wesley: 52 estudios bíblicos de discipulado*, por Philip Wingeier-Rayo]. Ambos recursos están disponibles en www.Cokesbury.com.

La capacitación se puede realizar en un fin de semana, al estilo de un seminario. También se puede dividir en un módulo por semana durante un par de meses. La pandemia del COVID-19 nos obligó a ser creativos en las formas de conectar y aprender, y lo/la animamos a seguir ofreciendo opciones digitales para proveer una formación accesible. Decida qué funciona mejor para su contexto y para sus MCC. Una vez que haya establecido el modelo para la formación, calendarice las fechas del evento. Si otras iglesias en el área o en su red también están implementando el ministerio del cuidado congregacional, considere organizar una capacitación juntos para compartir recursos y responsabilidades de enseñanza. Separe un salón lo suficientemente grande para acomodar a sus MCC, con mesas redondas y sillas, de no más de ocho personas en cada mesa. Si está organizando un fin de semana al estilo seminario, considere comenzar su evento con un culto de adoración y finalizar con el culto de envío al servicio Asegúrese de comprar para cada participante, junto con cualquier otro regalo para su comisión, que podría incluir una Biblia, frascos para el aceite de unción, etiquetas con nombres oficiales de MCC con el logotipo de la iglesia, y tarjetas de presentación y papelería oficial del MCC con el logotipo de la iglesia (estos son útiles durante las visitas, especialmente, en instalaciones de salud u hospitales, para dejar una nota si la persona está durmiendo cuando un/una MCC llega, o si la persona no recuerda la visita).

Educación continua

Una vez que sus MCC hayan completado los módulos básicos de capacitación, la/lo alentamos a brindar regularmente oportunidades de educación continua para sus MCC. Los capítulos de la tercera parte de este libro sirven como punto de partida para ofrecer educación continua. Determine cuándo proveer la educación continua a sus MCC según su contexto. Para algunas iglesias, las reuniones trimestrales son suficientes y útiles; otras iglesias organizan reuniones semanalmente para compartir ideas y traer estudios de casos al grupo. Los posibles temas para la educación continua podrían incluir asistencia a los miembros, información médica, cuidado de las personas frágiles, cuidados paliativos, información tecnológica, ministerio a personas con demencia y a sus familias, el autocuidado, desarrollo de un ministerio de recuperación y un ministerio de salud mental. ¡Las posibilidades son interminables!

La evaluación de su comunidad

En este capítulo, ha aprendido que los primeros pasos esenciales para desarrollar su ministerio del cuidado congregacional es reclutar y capacitar a sus MCC. A medida que comience a implementar estos pasos, tómese un tiempo para reflexionar sobre las siguientes preguntas e ideas.

1. Describa el/la MCC ideal en su contexto.
2. Haga una una lista de laicos que exhiben dones para ser un/una MCC.
3. Desarrolle un plan para reclutar a su primera clase de MCC.

Capítulo Dos
Segundo paso esencial: Identificar los roles y responsabilidades

Bondadoso y amoroso Dios, estamos agradecidos de que nos hayas dado dones únicos y experiencias que nos han hecho capaces de servirte en nuestra capacidad individual. Elevamos nuestros corazones a ti, para que podamos recibir tu semilla divina que nos anima a dedicarnos más plenamente a tu ministerio de sanidad. Bendícenos con la creencia de que son capaces de declarar tu llamamiento en el nombre de Cristo. Amén.

Mi esposo, Bill, y yo (Melissa) nos registramos en el seminario del «Cuidado congregacional» con la idea clara de que no podíamos realizar solos esta iniciativa. Por el bien del ministerio en nuestra iglesia, que tenía una asistencia alrededor de 180 en el culto de adoración del domingo, necesitábamos identificar algunos laicos para que se nos unieran y, realmente, construir nuestro ministerio del cuidado congregacional desde cero. La realidad era que había bastantes personas que ya estaban brindando el cuidado a nuestra congregación; todo lo que necesitábamos hacer era darles las herramientas y la capacitación necesaria para reconocerlas «oficialmente». Invitamos a dos mujeres increíbles a unírsenos para tomar el seminario: Alice y Carissa.

Carissa tenía veintitantos años, era ruidosa y dinámica. Ella dirigió nuestro grupo de juventud, tenía un niño pequeño, y estaba trabajando sistemáticamente en completar un tatuaje en su brazo. Ella era una trabajadora social licenciada con experiencia en hogares para niños en circunstancias desafortunadas. Ella tenía sus propias luchas y un pasado con experiencias que la convirtieron en una defensora compasiva pero ferviente de la gente desvalida e incomprendida. Carissa conocía la ansiedad y la depresión desde muy dentro de su alma. Así que cuando alguien necesitaba oración y un oído porque la ansiedad o los problemas familiares requerirían intervención, Carissa estaba allí para ellos.

Alice era cálida, amorosa y encarnaba una especie de gracia y hospitalidad. Esas características eran parte de su ser. También había sido enfermera; con la experiencia de un divorcio doloroso, y haber vencido el cáncer tres veces. ¿A quién cree que enviamos para cuidar a quienes estaban atrapados en problemas de relación, o pasando por el tratamiento contra el cáncer? Por supuesto que a Alice.

Estas dos mujeres no podrían ser más diferentes. Sin embargo, algo las unía. Fue su amor por Jesús y por las personas, su compasión y preocupación por quienes sufren y su impulso y deseo de traer luz en las noches oscuras del alma. Ambas confiaron en sus experiencias pasadas para cuidar a otros a su manera, y debido a sus diferencias, nuestro ministerio fue capaz de cuidar a más personas con diferentes tipos de preocupaciones y luchas.

Debido a las experiencias de Alice con el cáncer, pudo cuidar a un miembro querido, que acababa de ser diagnosticado con un tumor cerebral. La experiencia de Carissa con niños desfavorecidos, la capacitó para ser la MCC designada para cuidar a las familias que luchaban para poder llegar al fin de mes. Mientras más tiempo pasábamos juntas cuidando de nuestra congregación, comenzamos a identificar lugares, roles y responsabilidades específicos que nos permitieran expandir nuestro impacto como una congregación de cuidado.

Los tres roles primarios

El sistema del ministerio del cuidado congregacional funciona mejor cuando incorpora tres roles colaborativos:

Capítulo Dos

1. El *director* o *directora del cuidado congregacional*. Por lo general, este papel es desempeñado por un pastor/una pastora. Son responsables de establecer y mantener el ministerio del cuidado congregacional. Las responsabilidades incluyen, pero no se limitan, a reclutar, capacitar, proporcionar evaluación continua y cuidado de los MCC. Los dones y las destrezas requeridas, pero no se limitan a: la proyección de visión, la organización, el cuidado, la construcción del sistema y el discernimiento.

2. *El ministro* o *ministra del cuidado congregacional*. Los laicos se convierten en MCC a través de un proceso de reclutamiento y selección. Una vez que están adiestrados y comisionados, sus responsabilidades podrían incluir: visitas, llamadas, reuniones individuales y liderazgo de grupos de cuidado. Los dones y las destrezas requeridos son, pero no se limitan a: la compasión, la empatía, relaciones interpersonales cálidas y la capacidad de definir y apegarse a límites.

3. *El despachador* o *despachadora* recibe todas las oraciones y visitas, solicitudes, llamadas y trabaja con el director/la directora del cuidado congregacional para asignar a los MCC a cada necesidad. La persona que ocupa este rol llama y conecta con cada MCC cada semana, para asignar nuevas funciones y escuchar cómo van las tareas encomendadas. Para iglesias pequeñas y medianas, el director/la directora del cuidado congregacional puede servir como el despachador o despachadora. Para iglesias más grandes, es posible que necesite un despachador/una despachadora que se ocupe de hacer las llamadas al hospital, además de despachadores adicionales para el cuidado de adultos mayores o solicitudes para la oración personal. Los dones y las destrezas requeridos incluirán, entre otros: la organización, la comunicación efectiva, habilidades para trabajar con la tecnología, y el discernimiento.

Los tres roles dependen unos de otros: el director/la directora establece el modelo y trabaja con el despachador/la despachadora para asignar

Segundo paso esencial: Identificar los roles y responsabilidades

continuamente a los CCM. Los despachadores se conectan semanalmente con los CCM para recibir sus comentarios, y continuar asignándoles tareas y compartir esa información con el director/la directora. Los MCC reciben cuidado del director/la directora, como ellos cuidan de los demás, asignaciones del despachador/la despachadora y apoyo mutuo. Estos tres roles son cruciales para el modelo del ministerio del cuidado congregacional, pero puede encontrar que, en su contexto, otros roles adicionales son apropiados. Si su modelo ya incluye varios equipos: equipos de oración, grupos de creación de tarjetas, equipos de preparación de comidas durante los funerales, etc., puede identificar líderes de cada grupo que sirvan como el liderazgo central del ministerio del cuidado congregacional, para que todos colaboren en la prestación del mejor cuidado posible. En contextos más amplios, los asistentes pueden ayudar con algunas de las piezas de la logística. En contextos aún más grandes con múltiples pastores, puede crear un enfoque escalonado para el cuidado, en el que los cultos de adoración específicos tengan un pastor/una pastora principal con un equipo de MCC. Este modelo es lo suficientemente ágil como para ampliarse o adaptarse a las necesidades de su contexto.

Durante mi tiempo como consultora, me he encontrado con iglesias que establecen sus ministerios del cuidado congregacional desde cero. En otros momentos, he trabajado con líderes ministeriales, para organizar su ministerio de cuidado ya existente bajo el ministerio del cuidado congregacional. En estos casos, he trabajado con individuos para adaptar este modelo a las necesidades de sus respectivos contextos. Se necesitaron varias semanas para hacer el trabajo de adaptación. Sin embargo, en un sistema en el cual los laicos están involucrados en brindar el cuidado, solo se necesita añadir la organización y la documentación, en lugar de desarrollarlo desde cero. Establecer el modelo del cuidado congregacional no significa que tenga que cerrar o derribar otros ministerios de cuidado existentes. Simplemente significa que la iglesia ya tiene un ADN del cuidado brindado por el laicado. ¡Use ese impulso, y construya sobre eso! Este también puede ser un buen momento para ayudar a su equipo a evaluar lo que está funcionando bien, y lo que puede ser necesario para una transición.

En todas mis llamadas de consultoría, el trabajo que más se repite incluye: identificar y aclarar las funciones y responsabilidades de cada MCC. En un sistema más pequeño, puede haber menos flexibilidad para tener «especializaciones». Cuanto más pequeña es la iglesia, es más probable que cada MCC desempeñe múltiples roles y responsabilidades. Cuanto más crezca el ministerio, más probable será que haya MCC especializados en áreas específicas del cuidado.

El cuidado especializado

Como se dijo anteriormente, cada MCC tiene sus propias experiencias vividas, que los sitúan en una posición única para cuidar a personas con circunstancias específicas. Algunas personas son relacionales y muy capaces de hacer visitas al hospital, llamadas telefónicas o entablar conversaciones con personas que necesitan aliento y oración. Algunos MCC tienen grandes habilidades administrativas, y brindan una increíble ayuda. Algunos MCC pueden ser expertos profesionalmente en finanzas, consejería o medicina. Es mucho más significativo recibir cuidado y oración de alguien que haya tenido experiencias similares a las suyas. Los despachadores y directores deben conocer lo suficientemente bien a sus CCM como para saber quién podría cuidar mejor a quién. Esto requiere tiempo e intencionalidad. Líderes ministeriales: pasen tiempo con sus MCC, háganle preguntas sobre sus vidas, sus experiencias, qué los apasiona y los motiva. Cuando capacite a sus MCC, procure conocerlos durante los periodos de recesos en los adiestramientos, entre sesiones y más allá.

En uno de mis nombramientos organicé una cena para nuestros MCC. Después de conocerlos a un nivel más personal, me sentí mejor preparada para hacer llamados perspicaces a la hora de asignar MCC a oraciones específicas y solicitudes de cuidado. Dale había sido lastimado antes por la iglesia. Él tuvo una mala experiencia con un líder religioso en su peor momento, y debido a eso, luchaba con la duda y de cómo «funcionaba» la oración. Entonces, cuando alguien necesitaba cuidado, pero no quería recibirlo de un pastor/una pastora, ni escuchar las cantaletas moralistas religiosas, que parecen un cliché durante una crisis de fe, Dale pudo cuidar de esas personas de una manera que un pastor/una pastora no hubiese podido.

Brittany fue maestra, y siempre había ejercido el magisterio en su comunidad. Tenía la voz suave, una presencia tranquila, pero inquebrantable con quienes ella cuidaba. Entonces, cuando descubrimos que Dante, estudiante de Brittany hacía muchos años, necesitaba cuidados durante una hospitalización, enviamos a Brittany a orar con él.

Chandler era el hombre de todos los hombres. Disfrutaba jugar al golf, platicar y pintar casas. Tenía la extraña habilidad de tranquilizar a cualquiera por medio de su actitud tranquila y bromas alegres. La presencia de Chandler calmaba a las personas que sufrían de ansiedad y depresión.

Jazmín estaba en la escuela secundaria cuando fue comisionada como MCC. En esta etapa de su vida solo le permitió cuidar a los jóvenes de una manera que ningún adulto hubiese podido. Ella se preocupaba profundamente por sus compañeros. Ella pasaba tiempo con ellos, horneaba golosinas para ellos, y escuchaba atentamente de la misma forma que lo hacía con quienes eran importantes para ella.

Como usted puede notar: cada persona trae sus propios dones y experiencias a la mesa, lo que las posiciona de manera única para cuidar a los demás. Esta es la razón por la que es muy importante continuar conociendo a sus MCC, mientras les asigna funciones y responsabilidades específicas.

El equipo de lanzamiento del ministerio

La primera iglesia en la que implementé el modelo del ministerio del cuidado congregacional, identificamos a nuestro equipo de lanzamiento desde el principio, con las intenciones de convertirse en un modelo de brindar un cuidado especializado. Ya había habido algo de eso en nuestra congregación: un par de mujeres habían estado visitando instalaciones de salud durante años. Afortunadamente, continuaron con su trabajo para que pudiéramos centrarnos en el lanzamiento de brindar el cuidado adicional a la comunidad. Eventualmente, este ministerio ya existente, fue puesto bajo el paraguas del cuidado congregacional, ampliando aún más la idea del «cuidado especializado». Continuaron con su rutina de visitas como MCC, mientras que los demás se concentraron en hacer llamadas y otras responsabilidades. Nuestro equipo de lanzamiento incluyó:

o Un director del cuidado congregacional, quien también funcionó como despachador/despachadora;

o Una pastora principal, que funcionalmente se desempeñó como una MCC especializada, brindado cuidado en los funerales y en necesidades de cuidados críticos; y

o Tres MCC, quienes primero prestaron servicios a nivel general. Cuanto más específicas eran las peticiones de oración, más especializadas se convertían las áreas de cuidado.

Es probable que su contexto no sea como el de mi experiencia. Por lo que usted puede encontrar que necesita una estructura diferente para su equipo de lanzamiento. Independientemente de cuál sea la estructura o el número de personas, su equipo de lanzamiento es una parte crucial para establecer un ministerio del cuidado congregacional sostenible y floreciente.

La evaluación de su comunidad

En este capítulo hemos analizado las tres funciones y responsabilidades principales del modelo del ministerio del cuidado congregacional, y también hemos explicado cómo los roles pueden especializarse con el tiempo, de acuerdo con los dones y experiencias de cada MCC. A medida que comience a implementar el segundo paso esencial, invierta un tiempo para reflexionar sobre las siguientes preguntas.

1. Usted ya ha identificado a sus MCC. Entonces, ¿en qué rol podría encajar cada uno de ellos?

2. ¿Son necesarios roles adicionales en su contexto?

3. ¿Cómo podría hacer eso?

4. ¿Cómo colaborarán los roles entre sí para brindar el mejor cuidado posible?

Capítulo Tres

Tercer paso esencial: Establecer el sistema de la documentación

Pero todo debe hacerse de una manera apropiada y con orden.

−1ª a los Corintios 14:40, NVI

En el seminario del «Cuidado Congregacional», hace algunos años, nuestro equipo de cuatro aprendimos la teología, los aspectos prácticos, la logística, etc. Tomé una gran cantidad de notas, garabateando los márgenes de mi libro de trabajo. Nuestro equipo estaba entusiasmado. Durante los recesos del seminario, nos paramos alrededor de la estación de café, con los ojos muy abiertos con esperanza para el futuro.

Nuestra sesión final, antes del culto de clausura, se centró en la documentación. Esta sesión respondió a la pregunta que me había hecho desde el primer día: La información es excelente, pero ¿cómo la organizamos? Yo estaba más preocupada en mantener buenos registros, la organización y hacer que este sistema trabajara para nuestro contexto. La líder de la sesión presentó el papeleo, y habló sobre una pieza de un programa organizacional llamado «Arena», que les ayudó a ellos a seguir la trayectoria de todo lo que se hacía en el ministerio. Parecía un sueño, pero no teníamos el presupuesto, o la necesidad de replicar su modelo. ¿Cómo podríamos adaptar un programa construido para una mega iglesia como la Iglesia Metodista Unida de la Resurrección a nuestra iglesia, que tenía una asistencia de 180 en el culto de adoración de un domingo determinado? Este capítulo trata sobre el establecimiento de un sistema de documentación que funcione para tu contexto.

La importancia de los registros

Para cada iglesia, hay una historia del cuidado y pastoreo de la gente. Por lo general, esa historia reside en los corazones y las mentes de los pastores que han servido a la iglesia y a la congregación. Para dar un excelente cuidado es imperativo construir una historia que sea registrada. Esta historia ayudará a los cuidadores a recordar el servicio ofrecido, y el cuidado que aún podría estar por ofrecerse. Los pasos en falso se pueden evitar y las buenas decisiones tienen mayor probabilidad de realizarse para brindar el mejor cuidado posible.

Los registros ayudan a mantener la memoria del personal y de la institución, y proveer información en una transición cuando hay cambio pastoral, se van de la iglesia o no están disponibles. Los registros ayudan a evitar problemas de no atender los asuntos con prontitud, y además, a abordar los reclamos de no haber dado el cuidado cuando lo necesitó un/una miembro. Documentar conversaciones alivia a los feligreses del dolor de volver a contar una historia traumática una y otra vez, y le recuerda a la gente que es cuidada y recordada.

En la introducción, describimos los tres pasos generales para proporcionar el cuidado de manera efectiva como congregación: el recibo y el despacho, el seguimiento y la documentación. En este capítulo, discutiremos el lado logístico de cada paso. Ver más detalles prácticos y teológicos para el «seguimiento» en la segunda y tercera parte de este libro.

El recibo y el despacho

Desarrollar una vía clara y concisa para el recibo y el despacho de las solicitudes de cuidado puede ser un trabajo tedioso. Debe poder expresar en una oración a un niño de primaria cómo solicitar el cuidado en su iglesia, mientras tiene en cuenta las múltiples capas de piezas estratégicas: saber quién recibe todas las solicitudes detrás de la escena; cómo los MCC reciben sus asignaciones, y desarrollar un flujo semanal predecible y confiable para garantizar el cuidado de calidad en nombre de su iglesia. A menudo, las iglesias confían en la información verbal y, a veces, los feligreses esperan que los pastores simplemente sepan cuándo alguien necesita atención. Sin tarjetas de petición de oración, una llamada a la oficina, o al menos un correo electrónico, ¿cómo podemos saber lo que la gente necesita? Lo/la invito a hacer un inventario de su sistema de recibo, y hacer una lluvia de ideas sobre las posibles formas de hacer que la petición de oración sea lo más accesible posible para la gente. Considere abastecer a su santuario con tarjetas de petición de oración, e incluir una forma digital de pedir oración y cuidado en el sitio web de su iglesia y ubicaciones muy específicas en páginas de redes sociales, como mensajes directos o un botón que lleva a alguien a su sitio web. Designe a un/una MCC, con habilidades técnicas y organizativas, que seleccione y agrupe todas estas solicitudes cada semana. En muchos casos, un miembro del personal de la oficina puede ser la persona indicada para este tipo de trabajo. Eso también puede ser útil, ya que son comunes las llamadas a la iglesia para recibir cuidado. Diseñe un sistema que fluya sin problemas al recopilar y comunicar todas las solicitudes del cuidado al despachador/a la despachadora. En su forma más sencilla, podría ser un documento electrónico que se comparta con los pastores y los MCC.

Publicación de las peticiones de oración

Las peticiones de oración son muy importantes para la congregación, y muchas iglesias locales hacen públicas sus peticiones de oración en el boletín o diapositivas en el culto dominical. Si una persona tiene un nuevo bebé, o se enfrenta una enfermedad que amenaza la vida, o envía a un ser

Capítulo Tres

querido a la universidad, la gente quiere tener el apoyo de su comunidad de fe para que ore con ella. Es sabio mantener esta lista actualizada, sin que nadie esté en la lista por más de dos semanas. Si hay preocupaciones de oración a largo plazo, considere hacer una lista que está disponible en línea. Tales listas podrían incluir dar apoyo a quienes están en la milicia y a las personas con enfermedades crónicas.

Muchas congregaciones continúan anunciando las peticiones de oración por nombre durante el culto de adoración. Una palabra de cautela: a medida que más y más se transmiten en vivo los cultos de adoración, es absolutamente crucial considerar cómo garantizará la confidencialidad en la era digital. No comparta nombres y detalles de una petición de oración sin el permiso de quienes necesitan oración. La confidencialidad es siempre una alta prioridad a medida que la iglesia busca ser muy sensible a las necesidades de la familia de fe y la comunidad.

Cada iglesia debe evaluar exactamente cómo comunican mejor las peticiones de oración de su comunidad. Un método esencial es crear un equipo de pacto de oración y listas de oración en línea para personas en las fuerzas armadas y personas con enfermedades crónicas. El equipo de pacto de oración recibiría las listas de peticiones de oración durante la semana. Solo el primer nombre se le daría a este equipo y una descripción general de la petición. De esta manera, las oraciones diarias fluirán a través de la congregación.

Cómo funcionan las tarjetas de petición de oración

Un método probado y verdadero para recopilar peticiones de oración es hacer que las tarjetas de peticiones de oración estén disponibles durante el culto de adoración. Se alienta a los asistentes a escribir sus peticiones durante el culto, y colocarlas en los platos de la ofrenda. Las personas que adoran en línea, también, están invitadas a enviar sus peticiones en un formulario digital accesible en el sitio web y en cualquier plataforma de redes sociales.

Semanalmente, el director/la directora y el despachador/la despachadora seleccionan y asignan cada solicitud para recibir el cuidado a un/

una MCC. Recoja las tarjetas de petición de oración y, cualquier otra forma para recibir solicitudes para recibir el cuidado que utilice su iglesia. Ingrese las solicitudes en un lugar reservado para ese propósito. Las hojas de cálculo de Google proporcionan un formato simple para registrar los contactos. Asigne cada petición a un/a una MCC, luego comuníqueles a los MCC sus nuevas asignaciones para la semana (el correo electrónico es una forma eficiente para comunicarse con sus MCC). Después de que los MCC hayan hecho un seguimiento de sus asignaciones, deben documentar las interacciones que hicieron con quienes recibieron los cuidados. El siguiente flujo semanal ha demostrado ser predecible y eficiente:

o Lunes: El despachador/la despachadora trabaja con el asistente administrativo para recopilar todas las peticiones de oración y de cuidado. El despachador/la despachadora se reúne con el director/la directora del cuidado congregacional para el proceso de asignar las peticiones de oración o del cuidado a los MCC. El despachador/la despachadora envía correos electrónicos a los MCC sobre las tareas que tienen asignadas para la semana.

o De martes a domingo: Los MCC leen y confirman haber recibido sus asignaciones para la semana. Hacen llamadas y visitas, y luego documentan sus interacciones.

o Si las solicitudes de cuidado, que no son de emergencia, llegan a mitad de semana por teléfono o en línea/electrónicamente, se retienen hasta el momento de la recopilación de las peticiones para el próximo lunes. Si las solicitudes para proveer el cuidado de emergencia llegan a mitad de semana, el despachador/la despachadora y director/la directora del cuidado congregacional analizan si asignar un/una MCC o a un pastor/una pastora para proveer los cuidados necesarios. La naturaleza de la emergencia determina esta decisión. Si su iglesia tiene un equipo de oración, considere cómo manejar las solicitudes de oración entre semana.

Sistemas de atención hospitalaria

Es crucial que la iglesia lleve un registro de las hospitalizaciones para brindar el cuidado adecuado a las personas hospitalizadas y a sus familias.

Capítulo Tres

A continuación, mencionamos algunos de los sistemas que una iglesia podría utilizar fácilmente:

Cuaderno de hospitalizaciones (papel o digital)

- o Nombre legal completo del/de la paciente

- o Nombres de familiares o amigos que estarán allí durante hospitalización

- o Motivo de la hospitalización

- o Ubicación del hospital y hora de visitas

- o Si la cirugía está programada, ¿cuándo la persona será admitida en el hospital y la hora de la cirugía?

- o ¿Quién visitará de parte de la iglesia?

- o ¿Con qué frecuencia se realizarán las visitas?

Añadir la información brindada por Junta del Hospital en el cuaderno de hospitalizaciones

Esta es, básicamente, la misma información que aparece en el cuaderno de hospitalizaciones. El cuaderno de hospitalizaciones, sin embargo, contiene más información. La Junta del Hospital brinda información mínima para ser utilizada por el personal y los MCC, quienes mantienen un récord y seguimiento de quienes están hospitalizados.

- o Use una pizarra de borrado en seco, pizarrón, tablón de anuncios o un archivo de tarjetas que se puedan mantener en un área confidencial en las oficinas del cuidado de la congregación.

- o Escriba en la pizarra la información relacionada a la hospitalización:
    - Nombre y apellido legal de la persona hospitalizada
    - Nombre del hospital y número de la habitación

- Motivo de la hospitalización (si la cirugía está programada, identifique el tipo, la hora y la duración prevista de la cirugía, si se conoce).
- El Pastor/la pastora o el/la MCC asignado/asignada para las visitas en el hospital y fechas de las visitas

EL SEGUIMIENTO

Al menos una vez por semana, los MCC deben recibir sus asignaciones para brindar el cuidado con la expectativa de que hagan un seguimiento de las mismas en el momento oportuno. Es útil que los MCC reciban orientación sobre la mejor manera de seguir con una tarea en particular; para algunos, una llamada telefónica es suficiente, pero para otros, es preferible una interacción en persona. En caso de enfermedad, incluso, usted puede optar por organizar un chat de video a través de Zoom, Google Calls, FaceTime u otra plataforma digital. De todos modos, una simple llamada telefónica es el primer paso para el seguimiento. Los MCC deben tener disponibles los números de teléfonos de los solicitantes del cuidado. Así no pierden tiempo buscando la información de contacto.

A menudo, las tarjetas de petición de oración por una persona, es solicitada por alguien más. La gente ora por sus amigos, familiares y seres queridos, y es natural pedir oración a la iglesia. Sin embargo, debido a que no podemos saber si esa persona ha dado permiso para compartir lo que ha escrito en una tarjeta, los MCC deben hacer un seguimiento con la persona que ha solicitado oración (el solicitante), no con la persona por la que ha pedido oración. Por ejemplo, si Mateo escribe una petición de oración por la salud de su madre (quien puede o no ser miembro de la iglesia), no llame a la madre; más bien llame a Mateo. A veces, las personas solicitarán en la tarjeta que la iglesia llame a la madre o al amigo o a la vecina. No obstante, siempre se debe llamar al solicitante de oración, para asegurarse de que la parte más afectada desea que alguien de la iglesia se comunique con ella. Fomente al solicitante de oración a comunicarse con la persona por quien pide oración en nombre de la iglesia. Entonces el/la

Capítulo Tres

MCC podría preguntar si a la persona le gustaría que la iglesia se involucre en su cuidado.

Aprendí esto de la manera más difícil, cuando me llamó una MCC, de mi primera iglesia, para que orara por una mujer que estaba luchando contra una enfermedad. ¡Y resultó que ella había compartido sobre su enfermedad de manera confidencial con otra persona! No parece lógico dar seguimiento de la petición con quien pide la oración, pero debemos hacerlo para no causar daño. A veces, sin embargo, *es* apropiado llamar a la persona por la que se ha pedido la oración: puede ser una petición de oración conocida en la iglesia o la comunidad, o el/la solicitante ha obtenido permiso para compartir el motivo de oración. A menudo, me he encontrado con MCC que no están seguros sobre a quién llamar para brindar el mejor cuidado posible. Por tal razón, yo creé un flujograma para ayudarlos a discernir la decisión apropiada.

Tercer paso esencial: Establecer el sistema de la documentación

MCC DOCUMENTACIÓN

Los MCC revisan sus correos electrónicos para saber sus asignaciones de cuidado en la semana, compartidas en un documento digital.

¿Ves tu nombre asignado a alguna tarea/asignación?

Capítulo Tres

LA DOCUMENTACIÓN

Inmediatamente, luego del seguimiento de la conversación de cuidado, los MCC deben documentar la información de mayor importancia, la cual incluye:

o Nombre de quien asiste a la iglesia o miembro

o Fecha cuando el cuidado fue dado

o Motivo del cuidado

o Tipo de visita (teléfono, en persona, etc.)

o CMM responsable del cuidado

o La última vez que la persona fue contactada

o Fecha de seguimiento, de ser necesario

o Otras notas tomadas

Esta información se puede almacenar en una unidad compartida, en papel o en alguna otra plataforma digital. Independientemente del modo que se utilice, esta información debe mantenerse en un lugar seguro, para efectos confidenciales, y también asequible para, al menos, el director/la directora del cuidado congregacional. Hacemos esto para actuar de forma responsable en el intercambio de información, en caso de que otro/otra MCC adicional brinde atención a esa persona en ausencia del/de la MCC, quien brindó el cuidado inicial.

Una palabra sobre la confidencialidad: la confianza que la gente les da a ustedes, como pastores, y a los MCC nunca pueden pasarse por alto. Debe dar atención a esto. Para ello, establezca pautas sobre el tipo de información que debe conservarse bajo llave, asequible solo para el pastor/la pastora. Si los documentos son digitales, asegúrese de que estén protegidos con una contraseña, o requieran un correo electrónico emitido por la iglesia o ambos.

Herramientas útiles

El tamaño de su congregación dictará el sistema de su despacho y documentación y las herramientas que se utilicen para la creación del sistema. Para iglesias más grandes, los programas como Shelby o Arena serán necesarios para almacenar toda la información.

Las iglesias medianas podrían considerar monday.com –una plataforma que crea Diagramas de Gantt, diagramas de flujograma, organigramas y encuestas.

Para congregaciones pequeñas y medianas, hay herramientas gratuitas disponible al hacer un clic. A medida que avanza la tecnología, es probable que surjan nuevas plataformas con características adecuadas para documentar el sistema del ministerio del cuidado congregacional. La/lo invito a estar pendiente sobre que está disponible en el mercado para documentar de la mejor manera el cuidado que brinda su iglesia. Google Drive ha demostrado ser una plataforma muy confiable para construir y almacenar un sistema de documentación. Google Drive es un almacenamiento de archivos gratuito y servicio de sincronización, que permite a múltiples usuarios ver y editar documentos cuando se comparte con ellos. Google Drive incluye un conjunto de aplicaciones, que le permitirá trabajar de manera eficiente y eficaz. Nosotros hemos usado mayormente Google Sheets (una hoja de cálculo que varias personas pueden acceder, hacer revisiones y colaborar en el contenido) para el recibo de necesidades y despacho; Gmail (plataforma de correo electrónico) para compartir información y tareas con MCC y formularios (una encuesta fácil), para el seguimiento de la documentación de la siguiente llamada o visita del cuidado. Para aprovechar al máximo su experiencia con Google Drive, siga las siguientes pautas.

Crear una cuenta Google para la iglesia

Esta servirá como la cuenta principal para comunicarse con los MCC a través de Gmail, y para almacenar todas las peticiones de oración y documentación en su Google Drive. Si ya tiene una cuenta personal de Google, le animamos a crear una exclusivamente para el ministerio del cuidado de la iglesia. ¡Aprendí esto de la manera más difícil! Cuando salí de una iglesia borré accidentalmente todos sus archivos del cuidado congregacional, para liberar algo de espacio en mi propia cuenta personal.

Solicitar a cada MCC crear una cuenta de Google

Si cada MCC ya tiene una cuenta personal, está bien usarla. Solicitamos a cada MCC tener una cuenta de Google, para garantizar un mayor nivel de confidencialidad. También, cree un sentido de continuidad del ministerio, especialmente, cuando se comparten los correos electrónicos con quienes están bajo su cuidado.

Crear un documento para agrupar las peticiones de oración y del cuidado

Este documento también será usado para enviar la información que se comparte con sus MCC. El título «Despacho para el cuidado confidencial» puede ser útil. Ese documento comunica la naturaleza sensible de la información, para que no se comparta con otros fuera del ministerio del cuidado congregacional. También comunique a los MCC que este documento incluye sus asignaciones para la semana. No necesitará crear varios documentos. Continúe agregando las peticiones recibidas a este documento inicial, y archive las solicitudes que ya han sido atendidas y transfiéralas a una categoría separada. Este documento debe incluir las siguientes columnas: Fecha, petición de oración, el nombre de la persona que hace la petición, el nombre del solicitante y su respectiva información de contacto, el/la MCC que se ocupa de dar el cuidado y notas adicionales. Los documentos funcionan mejor si cada cual tiene los títulos o categorías claros sobre el nivel de cuidado. Es posible que desee considerar agregar una columna que identifique los niveles de cuidados necesarios.

o Cuidado crítico (físico y mental)
- Hospitalización
- Hospicio

- Cáncer, quimioterapia, tratamientos con radiación
- Enfermedad mental, incluido el intento de suicidio o ingreso a un centro psiquiátrico

o Cuidado continuo
- Cáncer en remisión
- Recuperación de la cirugía
- Rehabilitación o cuidado posoperatorio
- Problemas de relaciones
- Problemas para manejar el estrés
- Asuntos y preguntas sobre temas espirituales
- Problemas de salud mental (trastorno bipolar, ansiedad, depresión, ira, adicciones, trastorno obsesivo-compulsivo)

o Cuidado a largo plazo
- Confinado/confinada en su casa
- Residente de una casa de salud (Coordinar con el pastor/la pastora.)
- Duelo de un familiar
- Problemas financieros a largo plazo, desempleo, enfermedades o dolores crónicos

o Cuidado por otro equipo de cuidados especializados
- Relaciones críticas (consejero)
- Problemas financieros (asesor financiero)
- Otros pastores

o Peticiones archivadas
- No se requiere ninguna otra acción.

Capítulo Tres

- El/la miembro de la congregación puede reingresar a las listas de cuidado en cualquier momento.
- Archivos mantenidos durante un año

Crear un formulario para la documentación del cuidado brindado

Los MCC deben usar ese documento después de cada llamada o visita del cuidado. La información debe incluir: el nombre de la persona que recibió el cuidado, el nombre del/de la MCC, la fecha del servicio de cuidado, el tipo de visita, detalles de la visita, notas de seguimiento (próximas fechas importantes, próxima visita, cambio de hospital, temas de discusión, etc.).

Crear una hoja para para la documentación de las respuestas al cuidado brindado

Dado que los MCC utilizan el formulario de documentación del cuidado brindado, esas respuestas pueden ser luego parte de otro documento. Una vez creado el documento, las respuestas se pueden actualizar automáticamente en el mismo documento, y compartir con todos los MCC. El usar ese documento es muy beneficioso, ya que brinda información breve y clara, y permite a los cuidadores ordenar la información de las respuestas del cuidado por nombre, fecha de seguimiento, CCM asignados, etc.

Enviar un correo electrónico con tres documentos cada semana

Salude y agradezca a los MCC por el trabajo realizado. Luego incluya los siguientes documentos: (1) Despacho para el cuidado confidencial; (2) Documentación del cuidado; y (3) Documentación de las respuestas al cuidado. Yo enviaba el mismo correo electrónico cada semana, similar al siguiente ejemplo:

Tercer paso esencial: Establecer el sistema de la documentación

> Estimados MCC,
>
> ¡Muchas gracias por proporcionar tan maravilloso cuidado en nombre de la iglesia! Están haciendo un gran impacto en las vidas de quienes les rodean y en nuestra comunidad. Por favor, vean el «Documento para el cuidado confidencial» adjunto, el cual les informa sobre sus nuevas asignaciones para brindar el cuidado de esta semana. Una vez que hayan dado seguimiento a sus asignaciones, asegúrense de documentar sus interacciones en el formulario «Documentación del cuidado bridado». De desear ver la documentación anterior sobre los cuidados brindados, siéntanse libres de revisar el «Documento de las respuestas al cuidado bridado». El mismo puede darles algunos recordatorios sobre las personas que han estado cuidando por un tiempo.
>
> Espero que tengan una semana maravillosa. Por favor, ¡no duden en comunicarse conmigo si tienen preguntas o preocupaciones al respecto!

El papel en la era digital

Puede darse el caso de que algunos de sus MCC no se sientan cómodos utilizando los tipos de tecnología antes mencionados. La documentación digital nunca debe ser la razón por la que una persona elija no servir como MCC. Si bien la documentación y la comunicación digitales son más eficaces y eficientes, tenga en cuenta que no todos los MCC poseen las habilidades o el equipo para trabajar en una plataforma, que requiere la capacidad de una computadora o un teléfono inteligente. Considere cómo podría incorporar la opción de una documentación en formato impreso, para quienes les da ansiedad el operar digitalmente. Tal vez, puede entregar copias impresas de la documentación, y luego un/una asistente las registra en el sistema de almacenamiento digital.

La evaluación de su comunidad

No importa cuán grande o pequeño sea el tamaño o el presupuesto de su iglesia. Usted tiene herramientas a su alcance para crear y mantener un sistema organizado del cuidado que toma en serio la confidencialidad, eficiencia y compasión. En este capítulo hemos descrito cómo establecer su sistema de documentación. ¡Ahora es su turno de hacerlo! Debe poder expresar claramente su sistema de documentación a sus MCC durante la capacitación, con el propósito de que se sientan preparados y empoderados para cuidar de la congregación. Idealmente, este sistema se comunica a sus MCC después de ellos haber recibido formación teológica y práctica. Considere las siguientes preguntas para guiar su trabajo:

Recibo y despacho de las solicitudes del cuidado

o Explique en una oración cómo los feligreses pueden solicitar el cuidado en su iglesia.

o ¿Quién recibe esas solicitudes y qué sucede después?

o ¿Cómo saben los MCC cuáles son sus asignaciones para la semana?

o Desarrolle un flujograma semanal predecible para que los MCC brinden el cuidado.

El seguimiento

o ¿Cuáles son las maneras en que los MCC darán seguimiento al cuidado bridado?

o ¿Qué herramientas ofrecerá a los MCC para que se sientan bien preparados al discernir cómo manejar todo tipo de peticiones de oración y del cuidado?

La documentación

o ¿Cómo garantizaremos la confidencialidad de la documentación?

o Considere cómo harán los MCC la tarea de documentar el cuidado brindado, ¿qué pudiera funcionar mejor para ellos?

o ¿Cómo se almacenará toda la información?

Discernir qué herramientas utilizar

o ¿Cuántas llamadas/visitas por semana realiza colectivamente su equipo del cuidado?

o ¿Qué tan familiarizados están sus MCC con la nueva tecnología? ¿Cuán flexibles pueden ser al utilizarla?

o ¿Cuánto almacenamiento (digital o de espacio) necesita para mantener organizados los registros del cuidado?

Capítulo Cuatro

Cuarto paso esencial: La evaluación

Gran Dios de nuevas visiones, venimos a ti creyendo que tu Santo Espíritu está guiándonos mientras buscamos nueva vida en tu iglesia. Inspíranos y llámanos a dar un paso de fe en estos momentos de perpetua creatividad y transición. No dejes que se apodere de nosotros el cansancio y el miedo. Más bien, vierte sobre nosotros nuevas energías y entusiasmo, a medida que buscamos ser cocreadores junto a ti de tu obra. Todo esto te lo pedimos, en el nombre de Cristo. Amén.

Yo (Melissa), no sé ustedes, pero mis jeans favoritos tienen un poco de elasticidad. Ellos tienen la longitud adecuada para mi complexión corporal corta, y estiran la cantidad justa en los lugares que necesita mi cuerpo. Pero, alrededor de la semana veinte de mi embarazo, dejaron de estirarse, ¡mientras yo seguía creciendo! Mi esposo, por otro lado, tiene un tipo diferente de jeans favoritos. No se estiran en absoluto. De hecho, ¡se encogen! Cuando necesita un par nuevo de jeans, compra los de la marca Levi's 501 Original Shrink-to-Fit Men's. Así es como funciona: cómprelos por lo menos dos pulgadas más grandes (no es de extrañar que no haya un equivalente para mujeres); déjelos en remojo en agua muy caliente, escúrralos, séquelos con una toalla, y luego póngaselos mientras están mojados; úselos hasta que estén secos. A medida que los jeans se secan, se adaptan a la forma y al tamaño de su cuerpo.

Cuarto paso esencial: La evaluación

Los sistemas de la iglesia son como los *jeans*. Puede construir un gran sistema que funcione perfectamente para su tamaño y contexto, y cederán un poco al principio. No obstante, el sistema solo se estirará según su congregación continúe creciendo en asistencia y en la necesidad del cuidado. Eventualmente, la congregación superará al sistema, o *disminuirá* al tamaño del sistema organizacional.

Así veo el ministerio del cuidado congregacional, que nació en la gran Iglesia Metodista Unida. El liderazgo del ministerio de cuidado y preocupación por la congregación construyó un sistema que era sostenible para decenas de miles de gente. La forma en que organizaron sus diversos grupos, y cómo lo documentaron resultó en un par de «tamaños» muy grandes para nuestro contexto. Si Bill y yo hubiéramos intentado replicar ese mismo sistema para nuestras citas, no hubiera funcionado. Esa es la razón de por qué era tan vital para nosotros hacer un inventario de las necesidades reales de nuestra congregación, y empezar con lo básico. Creamos un plan para construir gradualmente nuestro sistema del cuidado, y le invito a usted a hacer lo mismo.

Un nuevo comienzo

Dos años después de que establecimos el ministerio del cuidado congregacional en nuestra primera iglesia, mi esposo, Bill, y yo fuimos nombrados para juntos pastorear a otra iglesia en nuestra conferencia anual. La iglesia era un poco más grande, con un promedio más alto de adoradores compuestos por adultos mayores (y por lo tanto con más necesidades de recibir cuidados). Sin embargo, el modelo de cuidado todavía estaba centrado solo en la labor de los pastores. Sabíamos que era un modelo insostenible, y necesitábamos actuar con rapidez para establecer un ministerio del cuidado congregacional para que la iglesia se estabilizara, y finalmente creciera. Seguimos el modelo de la evaluación de la Rev. Karen Lampe: el establecimiento de fases dentro de los primeros cinco años.

Capítulo Cuatro

El primer año

Durante el primer año, *reclute y capacite a su equipo mientras evalúa* cuáles son las necesidades del cuidado más importantes en su congregación. ¿Dónde está sintiendo la urgencia, la ansiedad o la frustración de la congregación? ¿Qué tipos de peticiones de oración está recibiendo más? Evalúe sus sistemas para el recibo de peticiones de oración y comience a crear conciencia sobre la necesidad de tener un ministerio del cuidado congregacional (el siguiente capítulo provee sugerencias sobre cómo crear conciencia sobre la necesidad). Evalúe las necesidades y las clases de cuidado/apoyo o grupos que ya existen en su congregación. ¿Que funciona? ¿Qué no funciona? ¿Qué hay que cortar? ¿Qué está faltando? Debería hacerse estas preguntas cada año según continúa evaluando el ministerio del cuidado congregacional.

El primer mes escuchamos y aprendimos. Nos reunimos con los feligreses, hicimos visitas a hospitales y hogares de ancianos, e hicimos nuestro mejor esfuerzo para conectarnos con la comunidad. Nos enteramos de que el pueblo tenía un maravilloso sistema de salud, y que muchas personas optaron por mudarse a la ciudad después de su jubilación debido a los centros de cuidado de salud. Muchos de los miembros antiguos habían llegado a la etapa de la vida en que su movilidad estaba limitaba, la cual los confinó en sus casas. También aprendimos que las peticiones de oración fueron verbales: pronunciadas en voz alta durante el tiempo de oración del domingo en la mañana, o llamadas a los teléfonos celulares personales de los pastores.

Durante nuestra fase de escuchar, observamos la presencia de ansiedad de que las solicitudes de oración no fueran atendidas, y así pasó. Observamos el sentido de urgencia: los feligreses dejaban mensajes de voz con peticiones de oración de situaciones que no eran emergencia durante las tardes y los fines de semana. También percibimos una profunda necesidad de interacción de cara a cara con quienes estaban confinados en sus hogares o en un centro de salud. La necesidad de recibir el cuidado era alta, y no podíamos garantizar una atención de calidad a nuestra gente. Hicimos los cálculos: si Bill y yo trabajáramos día y noche sin descansos ni días libres, todavía habría tenido solo doce minutos cada semana para dedicarlos a quienes necesitaban se les brindase cuidados.

Determinamos que las necesidades más críticas en ese momento estaban relacionadas con el recibo de las peticiones de oración y las visitas a la población adulta mayor confinadas en sus casas u hogares de ancianos, y nos pusimos a trabajar. Reclutamos a alguien en cada culto de adoración para escribir las peticiones de oración pronunciadas en voz alta con los nombres de los solicitantes (recuerde, éramos nuevos, y no conocíamos a la mayor parte de la gente). No teníamos forma de saber cómo dar un seguimiento hasta que reclutamos a nuestro voluntario que conocía a la congregación. ¡Qué gran ayuda! Mientras tanto, creamos tarjetas de petición de oración, y las pusimos en los respaldos de las bancas. Cada domingo, cuando pasábamos un tiempo de oración, recordábamos a la congregación escribir sus peticiones en esas tarjetas, y a colocarlas en el plato de ofrendas si querían una llamada de seguimiento (incluso, si compartió su petición en voz alta en el culto). Fuimos honestos con ellos al comunicarles que necesitábamos ayuda para recordar los nombres, y mantener organizadas todas las necesidades del cuidado. También comenzamos a crear conciencia públicamente sobre la necesidad de tener un ministerio del cuidado congregacional (las guías para crear conciencia sobre la necesidad de este ministerio se encuentran en el siguiente capítulo). Identificamos a laicos en nuestra congregación que exhibieron dones de compasión y cuidado. Comenzamos a reclutar a nuestra primera clase de MCC en la iglesia, y para el cuarto mes de nuestro nombramiento, fueron comisionados y comenzaron a ofrecer el cuidado en nombre de la iglesia.

Quiero enfatizar este punto importante: empoderar a las personas talentosas ayudará a que prospere su ministerio. He visto a pastores tratar de hacerlo todo. Comparta la alegría. Empodere a las personas para que usen sus dones, y ayúdelos a pasar la batuta de unos a otros. Comparo un buen equipo ministerial a un equipo deportivo: tiene las personas adecuadas en los puestos adecuados. Ellos se llaman y se ayudan unos a otros a convertirse en grandes jugadores. Tener un equipo es mucho más fácil que hacerlo solo/sola. Además, su ministerio será sostenido y apoyado por ellos.

Capítulo Cuatro

Segundo y tercer año

En el segundo y el tercer año del plan, observe cuáles ministerios están funcionando bien, qué se debería podar y qué crear. Establezca clases o grupos del cuidado, quienes podrían ofrecer el cuidado a la comunidad. Asegúrese de buscar también fuera de las paredes de la iglesia. ¿Qué recursos ofrece su comunidad y quiénes podrían convertirse en sus socios/compañeros en su trabajo? Cree una base de datos de entidades médicas y de salud mental, grupos de apoyo, Alcohólicos Anónimos (AA) y Narcóticos Anónimos (NA), centros de recuperación de la adicción a las sustancias, centros de cuidados paliativos, etc., y visite a cada uno de ellos. Comparta estos contactos con sus MCC, para que puedan referir a los beneficiarios del cuidado a otros recursos en la comunidad.

Después de un tiempo viviendo en un sistema nuevo de cuidado, comenzamos a buscar más allá de nuestro equipo encargado de las visitas. A medida que construimos confianza en la congregación, noté que las peticiones de oración se hicieron más profundas y personales. Gente en la congregación se acercó a nosotros sobre cómo convertirse en un/una MCC, y otros empezaron a querer crear grupos. Un joven comenzó a dirigir un grupo de AA en nuestra iglesia, y dos mujeres empezaron una clase de paz financiera. Otra mujer presentó su idea para un equipo de oración. Estaba claro que necesitábamos movernos de nuestro grupo central de MCC y expandir nuestro trabajo. Comisionamos a una segunda clase de MCC para responder con ellos a las peticiones de oración por teléfono, y establecimos el equipo de oración, dirigido por la mujer quien tuvo la idea. Todas las solicitudes de oración enviadas fueron compartidas con el equipo de oración, que se reunía semanalmente para pasar juntos una hora en oración por la iglesia, la comunidad y las peticiones de oración específicas.

También comenzamos a hacer más conexiones con personas en el cuidado de la salud y de servicios sociales en la comunidad durante esta fase. Estas conexiones fueron increíblemente vitales cuando una inundación dejó a nuestro pueblo completamente aislado en todas direcciones por semanas. Nuestra iglesia se convirtió en una actora importante en los trabajos de reconstrucción de la ciudad, debido a las conexiones que habíamos hecho en la comunidad. El siguiente año, comenzamos el distanciamiento físico debido a la pandemia del COVID-19. Nuestra congregación se había acostumbrado a que nuestros MCC brindaran cuidado en nombre de la iglesia, y fue conmovedor ver el tipo de actitud que se infiltraba en nuestra comunidad. La voz de los MCC trajo calma y seguridad a través de estos tiempos inexplorados. Gente, que no era MCC, levantaron el teléfono y se llamaron unos a otros para ver cómo estaban y para orar. Organizaron una buena cadena telefónica, a la antigua; programaron llamadas de Zoom; enviaban tarjetas, y dejaban canastas con suministros sanitarios y alimentos en los balcones de las casas. Algunas personas hicieron mascarillas de tela para otras; hacían recados para la población adulta mayor; pintaban con tiza las marquesinas de las casas, y plantaron flores unos para otros. ¡Esto es lo que sucede cuando los pastores se salen del medio, y dejan que la iglesia sea la iglesia!

Cuarto y quinto año

Años cuatro y cinco, ¡sueños grandes, peludos, audaces! ¿Necesita su comunidad un ministerio de recuperación? Tal vez, pueda desarrollar un ministerio de salud mental al asociarse con otros grupos comunitarios. ¡La idea es seguir soñando! A medida que continúa evaluando su ministerio, lo/la alentamos a pensar más allá de la realidades actuales y proyecciones para el futuro. ¿Cuáles son las tendencias del cuidado que continúan creciendo? ¿Cuáles son los posibles obstáculos futuros en la comunidad, la congregación y el ministerio? ¿Cuáles son las necesidades futuras que necesita considerar ahora y poder prepararse para abordarlos cuando surjan?

Durante la pandemia del COVID-19 y el distanciamiento físico, comenzamos a soñar con el cuidado provisto a través de los formatos y las conexiones digitales, y para aquellos que se sentían aislados, al mismo tiempo teniendo en cuenta las muy sombrías realidades de la inminente crisis económica, tasas altas de desempleo, el duelo comunal y aumentos en los patrones de conducta adictivos y destructivos. Empezamos a planificar formas para abordar esas necesidades muy específicas en nuestra comunidad. Las necesidades son grandes y la iglesia necesita hacer presencia y brindar un espacio de sanidad para quienes sufren.

Clases y grupos

A medida que continúa explorando formas de cuidar a su congregación, es posible que la gente se acerque a usted para comenzar una experiencia grupal. Estamos evaluando constantemente las necesidades actuales de la congregación. Un ministerio de grupos puede ser muy beneficioso, porque las experiencias comunes proporcionan respuestas empáticas y enseñan a otros las respuestas apropiadas a las necesidades experimentadas. Los grupos pueden proporcionar tiempos para enseñar un plan de estudios a un gran número de personas, y también, pueden ser una manera de ahorrar tiempo al ministrar a personas que enfrentan situaciones similares.

La forma en que conduce el ministerio de grupo es importante. Muchas veces, los congregantes querrán iniciar un grupo de apoyo o cuidado. Comience con clases de tres a cinco semanas, para medir el interés del grupo. Hay una gran ventaja en tener una fecha de inicio y una fecha de finalización para el grupo. Tener una fecha de finalización no es típico en un grupo de apoyo, que puede volverse insano, ya que a las personas se les permiten permanecer atrapadas en sus circunstancias, en vez de graduarse y seguir adelante con sus vidas.

Asegúrese de contar con buenos facilitadores que estén capacitados para dirigir estos tipos de grupos. Establezca estándares para ellos, como comunicarse con usted, al menos, una vez al mes a través del correo electrónico o una sesión informativa.

Ayude a sus líderes a desarrollar un plan de estudios que comience y termine con la oración, incluya folletos y tenga un componente espiritual definido. La gente puede encontrar grandes recursos seculares fuera de la iglesia, pero la mayor parte del tiempo vienen a la iglesia para recibir algo que no podrían recibir en ningún otro lugar. Por ejemplo, muchos hospitales brindan cuidado a quienes están en duelo, pero al llegar a una iglesia, la persona espera recibir un cuidado espiritual. Muchos consejeros brindan grupos de apoyo para quienes están pasando por un divorcio, pero un grupo de recuperación de un divorcio en una iglesia incluirá un enfoque de fe que no juzgue a los miembros del grupo. La pregunta para hacerse es: ¿Cómo este grupo de la iglesia es diferente a los grupos que se ofrecen en la comunidad?

Una vez que haya decidido tener un grupo, publíquelo en su boletín, programa de la iglesia, correo electrónico, Facebook y otras redes sociales. Revise las listas de funerales recientes para identificar posibles miembros que participen en una clase sobre el duelo; mantenga sus oídos abiertos sobre situaciones de divorcio recientes o difíciles; observe si hay un aumento en los desafíos de la crianza, o si su comunidad ha sido particularmente golpeada por una economía lenta, y la pérdida de empleos.

Usted quiere que sus grupos tengan éxito. Estas clases y grupos deben abordar las necesidades de su comunidad. Si la experiencia de las clases es buena, usted puede querer convertirla en un grupo de apoyo que se reúna regularmente. Tenga cautela al referirse a este grupo como un grupo de apoyo, ya que eso implica un compromiso a largo plazo.

Lo/la animo nuevamente, a que evalúe continuamente a su congregación y comunidad. Puede haber algunos ministerios grandes y preparados para nacer, a medida que trata de hacer frente a las necesidades en constante cambio. Es vital que se mantenga alerta, ágil, flexible y estable en su propia vida espiritual para ser eficaz en el ministerio.

Cómo establecer un ministerio de grupos

Cree un proceso uniforme para determinar la necesidad y la idoneidad de un nuevo ministerio de grupos. Haga preguntas dirigida a ayudar a quienes proponen la formación de un grupo nuevo. Las respuestas a estas preguntas forman el plan para el grupo de apoyo. Los líderes laicos son campeones en tales esfuerzos. Es siempre importante, sin embargo, ofrecer una oportunidad para indagar regularmente los hallazgos encontrados con los líderes. Anímelos y elógielos en sus esfuerzos. Tome en consideración las siguientes preguntas:

Capítulo Cuatro

1. ¿Cuál es el propósito del ministerio propuesto?
   - ¿Qué quiere lograr Dios con el ministerio propuesto?
   - Describa cómo este grupo está alineado con el propósito y políticas de nuestra iglesia.
2. ¿A quién servirá el nuevo ministerio?
   - ¿Cuál es la audiencia principal de este ministerio?
   - ¿Quién se beneficiará o recibirá el cuidado?
3. ¿Qué necesidades atenderá el nuevo ministerio?
   - Considere las necesidades espirituales, físicas, emocionales y relacionales.
   - ¿Qué tipo de servicios brindará el ministerio nuevo para satisfacer estas necesidades?
4. ¿Cómo proporcionaremos esos servicios?
   - ¿Cuál será la estrategia del ministerio para brindar esos servicios?
   - ¿Cuál será el plan de trabajo?
   - ¿Cuál es el proceso para la prestación de los servicios de cuidado?
5. Describa la estructura del liderazgo que necesaria el nuevo ministerio.
   - ¿Cuáles son los diversos roles y responsabilidades necesarios para apoyar a este ministerio?
   - Describa la estructura propuesta para este ministerio.
6. ¿Qué recursos requerirá el nuevo ministerio?
   - Identificar las necesidades requeridas para este ministerio: capacitación, instalaciones, acceso a computadoras, buzones, personal de apoyo, finanzas, anuncios, etc.
7. ¿Cuál es la visión de crecimiento y expansión?
   - ¿Cuál es el crecimiento que se espera?
   - ¿Cuál es el «sueño» para este ministerio dentro de dos años?

8. ¿Cómo se evaluará la efectividad de este ministerio?

    - Incluir sistemas que midan si el ministerio cumple con éxito su propósito. Por ejemplo, esto podría incluir medir los aumentos en el número de personas en el grupo o formularios para la evaluación grupal.

9. ¿Ya existe el ministerio en la iglesia?

    - ¿Hay alguna similitud entre este ministerio y uno que su iglesia ya ofrece?

    - ¿Debería coordinarse este ministerio nuevo junto con otros ministerios?

    - ¿Debería este ministerio nuevo reemplazar a uno existente?

La evaluación de su comunidad

En este capítulo proporcionamos un marco para la evaluación, en el que usted y su equipo de líderes puedan ser capaces de desarrollar un plan de cinco años para brindar el cuidado en su contexto. Considere las siguientes preguntas a medida que implementa el cuarto paso esencial.

o ¿Cuáles son las principales necesidades actuales de su iglesia?

o ¿Cuáles son las principales necesidades actuales de su comunidad?

o ¿Qué recursos ya existen en la comunidad que sería bueno compartir con sus MCC?

o ¿Cómo podría su iglesia ofrecer una respuesta con base en la fe a las necesidades comunitarias?

o ¿Qué necesidades anticipa en su iglesia y su comunidad en los próximos años?

Capítulo Cuatro

o ¿Qué grupos de cuidado ya existen? ¿Qué necesita existir? ¿Qué necesita ser podado?

o ¿Cuál es su gran y audaz sueño para brindar el cuidado a su comunidad? ¿Qué haría falta para que su sueño se hiciera realidad?

Capítulo Cinco

Quinto paso esencial: Crear conciencia de la necesidad del cuidado congregacional

Pon en manos del SEÑOR todo lo que haces, para que tus planes se hagan realidad.

–Proverbios 16:3, PDT

Al principio de nuestra nueva cita, mi esposo, Bill, y yo (Melissa) nos dimos cuenta de que la aceptación de la congregación era crucial para el desarrollo del ministerio del cuidado congregacional. La larga tradición de un pastor ordenado, que hacía cada visita y llamada de cuidado, se convirtió en un obstáculo en las primeras etapas de desarrollo del ministerio, las cuales requerían una reflexión teológica, informadas desde el púlpito, en nuestras comunicaciones internas y en las conversaciones interpersonales. Requerían decisiones estratégicas de nuestra parte, como pastores con nuestros equipos de liderazgo. También descubrimos que la piel gruesa y el compromiso inquebrantable junto con los sistemas ministeriales saludables, desempeñaron un papel integral en el establecimiento del ministerio. Se requería tener delicadeza, compasión, persistencia y visión y el compromiso total con el bienestar de toda la comunidad, y no para los pocos que más se quejaban.

Una cosa es establecer un ministerio de cuidado, reclutar y capacitar voluntarios, despachar y documentar las peticiones de cuidado, y continuar con la evaluación de su ministerio. Y otra cosa es convencer a su congregación de que el ministerio del cuidado congregacional es la elección correcta para que la congregación apoye, y para aquellos que buscan el cuidado a través de este nuevo método de ministerio.

Durante décadas, el cuidado ha sido una responsabilidad primordial del pastor/de la pastora, y en muchos casos, los feligreses esperan que el pastor/la pastora haga todas las visitas y llamadas del cuidado. Sabemos que no es un modelo sostenible, pero es la responsabilidad de los líderes del ministerio ayudar a nuestras congregaciones a llegar a la misma conclusión. En este capítulo, encontrará ejemplos de cómo crear conciencia de la necesidad del cuidado de la congregación a través de varios canales, con el fin de maximizar el impacto de su ministerio del cuidado congregacional que puede tener en la comunidad. Todos los ejemplos son de la vida real: usamos estas mismas palabras en nuestro contexto para ayudar a concienciar sobre la necesidad del cuidado congregacional frente a la oposición. También proporcionaremos un calendario de trabajo sugerido para el plan de acción, que incluye una comunicación estratégica para concienciar la necesidad estratégicamente.

Las conversaciones

Una de las formas más estratégicas de ganar aceptación, es tener conversaciones honestas con las personas sobre la necesidad de este ministerio. En nuestro caso, sabíamos que la carga de trabajo era demasiado para nosotros, y en lugar de fingir que podíamos hacerlo todo y actuar como si pudiéramos manejarlo, dejamos muy claro que no éramos héroes. Cuando los pastores se permiten ser vulnerables, admitir sus propias deficiencias y errores sin vencerse a ellos mismos al respecto, construyen confianza en su congregación. La congregación empieza a ver la humanidad del pastor/la pastora, en lugar de verlos como empleados contratados por la iglesia.

Bill y yo tuvimos conversaciones con individuos, pero también tuvimos reuniones estratégicas con nuestros equipos de liderazgo para permanecer abiertos y transparentes sobre hacia dónde nos dirigíamos en nuestro desarrollo del ministerio del cuidado congregacional. Considere tener conversaciones con los siguientes grupos:

- **Comité de Relaciones Pastor Parroquia (SPRC, por sus siglas en inglés):** Este equipo supervisa el trabajo de los pastores y el personal. Nuestra conversación con el SPRC incluyó planes estratégicos para otras iniciativas ministeriales que teníamos; horas dedicadas al cuidado cada semana en relación con otras responsabilidades ministeriales; horas necesarias para nuevas iniciativas; evaluación honesta sobre los límites personales y días de descanso (sabatt), y la presentación del modelo del ministerio del cuidado congregacional a la congregación como solución.

- **Concilio de la Iglesia:** Este equipo funciona como el cuerpo estratégico de la iglesia, compuesto por representantes de todos los equipos existentes. Nuestra conversación con el Concilio de la Iglesia incluyó la aprobación del SPRC del modelo del ministerio del cuidado congregacional y un profundo sumergir en cómo funcionaría el ministerio, junto con una garantía de que los pastores continuarían brindando cuidado junto con los MCC.

- **Personas influyentes:** Todas las iglesias tienen esos líderes naturales, a quienes otros respetan aun cuando no ocupen cargos oficiales de liderazgo en la iglesia. A menudo, como éramos nuevos en la iglesia y en la comunidad, estas personas influyentes se acercaban a nosotros. Otras veces, nosotros las invitamos a un café o a cenar. Nuestras conversaciones incluyeron un breve resumen de nuestros planes para las próximas fases de nuestro ministerio, incluyendo la visión para el ministerio del cuidado congregacional. Cuando usted puede ganarse la confianza de las personas influyentes de la iglesia, ellas apoyarán y respaldarán el ministerio públicamente.

- **Laicado por reclutar:** Desde el principio, identificamos líderes que, de alguna manera, ya estaban brindando cuidado a otras personas en la congregación. Invitamos a esas personas a reuniones individuales con un café, que incluyeron conversaciones transparentes sobre

Capítulo Cinco

nuestra necesidad de contar con su ayuda para proporcionar el cuidado adecuado a favor de la congregación. Compartimos la visión para el ministerio del cuidado congregacional, y los invitamos a considerar postularse para ser un/una MCC.

Comunicaciones de la iglesia

A medida que avanza hacia la comisión de su primera clase de MCC, debe proyectar la visión del ministerio desde los canales oficiales de comunicación interna de la iglesia. Para nosotros, esto incluía los boletines de los domingos por la mañana, una nota electrónica entre semana y un boletín mensual. Nos aseguramos de comunicar de manera clara y concisa, al proyectar la visión, definir el programa y compartir experiencias personales para concienciar sobre la necesidad. Los boletines incluían breves descripciones e imágenes que anunciaban nuestro servicio de comisión. Las notas electrónicas a mitad de semana incluyeron más descripción del ministerio, y el boletín informativo incluyó la mayor parte del contenido, con una justificación para la creación del ministerio, junto con detalles y planes.

Desde el púlpito

Otra forma en que concienciamos sobre la necesidad en nuestra congregación fue al dar un «Discurso sobre el estado de la iglesia», muy parecido a una reunión del ayuntamiento/alcaldía de la ciudad, pero contextualizado a nuestra iglesia. Organizamos una noche para compartir información e historias del año anterior sobre el ministerio en la iglesia. Descubrimos que nuestra congregación disfrutó escuchar historias de cómo su ministerio había impactado a la comunidad y entre ellos, y fue un momento maravilloso para celebrar el ministerio que ya se había hecho de cara hacia el futuro. Fuimos capaces de verbalizar la visión para el ministerio del cuidado congregacional. Y, una vez que el ministerio había sido implementado, convertimos a nuestros MCC en héroes de las historias del cuidado y transformación.

Además, cada semana los pastores tienen una audiencia algo cautiva por un espacio de tiempo. Usamos ese tiempo para crea conciencia sobre la necesidad del ministerio y hacer héroes a quienes respondían al llamado de Dios a usar sus dones. Una serie sermones clave, que llevó hacia la necesidad de albergar el ministerio del cuidado congregacional, fue una llamada a la «Sanidad de las heridas». Predicamos sobre todo tipo de formas de hacer las paces y cuidar nuestro propio dolor mientras nos acercamos a los demás. El último sermón fue titulado «Historias de las cicatrices», en el que explicábamos cómo quienes habían pasado por el dolor podían permitir que Dios sanara esas heridas y las transformara en cicatrices. Dios, entonces, usa esas cicatrices para ayudar a sanar a otros; nos convertimos en sanadores heridos. Eso nos preparó para poder discutir el modelo del ministerio de cuidado congregacional, que condujo a nuestro servicio de comisión.

La comisión de sus MCC

Una de las mejores maneras de ayudar a su congregación a vivir este nuevo modelo del ministerio del cuidado congregacional, es resaltar continuamente la labor de sus MCC, en conversaciones, a través de la narración de historias y desde el púlpito. Una vez que sus MCC hayan sido capacitados, la/lo animo a que comisione públicamente a sus MCC durante un culto de adoración para afirmar su ministerio. Es una especie de acreditación o respaldo ante los ojos del laicado, y cuando el pastor/la pastora impone sus manos y hace una oración de comisión sobre los MCC, se convierte en un manera muy seria y solemne de reforzar a los ministros del cuidado *como ministros*.

Elija un momento estratégico para la comisión. Considere cuando es mayor la asistencia de su congregación. En nuestro caso, hacemos la comisión en el otoño, después del comienzo de la escuela y antes de la temporada de Navidad. Otros momentos estratégicos podrían incluir el comienzo del nuevo año; justo después de Pascua, y antes del final de las actividades del año escolar; al final de una serie de sermones estratégicos sobre el cuidado, o justo antes de un cambio pastoral. Pastores: ¡Denle un regalo al pastor/a la pastora que le sigue, y prepárelo/prepárela para el éxito!

Independientemente de cuándo haga la comisión, pida a cada MCC que asista a cada culto de adoración de la comisión de los demás MCC, para que sean conocidos por toda la congregación. Para quienes no puedan estar presentes, pídales que envíen una foto para que se muestre en una presentación de diapositivas, mientras los demás se paran al frente del santuario durante la comisión.

Calendario de trabajo para la concienciación

El calendario de trabajo para establecer el ministerio del cuidado congregacional en la iglesia local depende, en gran medida, del nombramiento del actual pastor/ pastora. Al usted considerar concienciar estratégicamente la necesidad del cuidado congregacional en su contexto, le sugerimos el siguiente calendario.

Si es el comienzo del nuevo nombramiento pastoral…	
LO ANTES POSIBLE	Conversaciones sobre el ministerio del cuidado congregacional con el SPRC en la reunión introductoria y siguientes reuniones. Obtener el apoyo del/de la superintendente de distrito antes de la reunión introductoria, si es posible. Solicite una lista de nombres de posibles MCC de su SPRC o equipo de transición.
1° de julio	Fecha en que empieza el nuevo nombramiento pastoral
Julio	Reunión del liderazgo, reuniones en los hogares en grupos pequeños para conocer a la congregación.

Agosto	Reuniones en los hogares; conectar con los potenciales MCC, invitarlos a postularse; comenzar con la concienciación de la necesidad de desarrollar este ministerio, desde el púlpito y en las reuniones en los hogares.
Septiembre	Capacitación de los MCC
Primer domingo de octubre	Servicio de comisión de los MCC
Octubre a diciembre	Reuniones semanales de los grupos pequeños con los MCC para el apoyo y educación continua.
Noviembre a diciembre	Incorporar sermones sobre «la creación de héroes» en los que se cuentan las historias de cada MCC.

A la mitad de un nombramiento pastoral

Trimestre actual	Conversaciones con individuos y con el equipo. Concienciar la necesidad, por lo menos, a través de un sermón. Conectar con los MCC potenciales.
Próximo trimestre	Completar el reclutamiento de los MCC. Capacitación. Concienciar la necesidad del cuidado congregacional, por lo menos, a través de un sermón, proveer más detalles sobre el nuevo ministerio del cuidado congregacional.
Siguiente trimestre	Comisionar a los MCC. Usar los canales de comunicación interna de la congregación para continuar comunicando los cambios.
Último trimestre	Incorporar sermones sobre «la creación de héroes» en los que se cuentan las historias de cada MCC.

La evaluación de su comunidad

En este capítulo, proporcionamos ejemplos tangibles de cómo concienciar sobre la necesidad de su ministerio del cuidado congregacional, por medio de conversaciones, estrategias, reuniones de equipo,

Capítulo Cinco

comunicaciones de la iglesia y desde el púlpito. ¡Ahora es su turno de desarrollar su cronograma y estrategia para implementar el quinto paso esencial!

- ¿Cuál será su mensaje constante?
- ¿Con quién necesita tener conversaciones?
- ¿A través de qué canales comunicará el cambio al modelo del ministerio del cuidado congregacional?
- ¿Cómo incorporará en los sermones sobre la concienciación de la necesidad del cuidado congregacional?
- ¿Cuál es su cronograma?

Segunda Parte
La preparación de sus ministros del cuidado congregacional (MCC)

Material clave para el adiestramiento de los MCC

Segunda Parte

Cómo usar esta sección

La capacitación del/de la MCC es una parte crítica del ministerio del cuidado congregacional. No puede desarrollar este ministerio, ni ofrecer un cuidado apropiado a la congregación sin un equipo bien capacitado de MCC, no importa cuál sea el tamaño de su iglesia. Incluso, una o dos personas deben recibir la formación. Esta sección del libro (Segunda parte: La preparación de sus ministros del cuidado congregacional) proporciona la información esencial que necesitará para la capacitación de los MCC. Cada capítulo cubre un tema básico y fundamental, y ofrece una variedad de herramientas, métodos y técnicas para que los utilicen los MCC. Estos capítulos (6–12), proporcionan el material necesario para crear un proceso de formación. Aquí está lo que necesita saber:

o La capacitación de los MCC debe diseñarse y llevarse a cabo de manera que tenga sentido para su iglesia.

o La pastora/el pastor u otro líder a cargo de este ministerio debe crear un proceso de capacitación al usar como base el contenido de los capítulos de esta parte.

o Le sugerimos enfáticamente que desarrolle sus temas de capacitación en el orden de estos capítulos, desde los temas sobre la teología hasta los relacionados a la documentación. Es especialmente importante que comience su adiestramiento con los fundamentos teológicos.

o Lea cada capítulo de esta parte. Decida cuál material será más importante para sus MCC. (¡Es posible que todo el material!)

o Extraiga ideas de todas las herramientas, métodos, explicaciones, documentos de muestra e instrucciones ofrecidas, con el fin de diseñar una formación eficaz en su contexto.

Capítulo Seis
Fundamentos teológicos

Dios bondadoso y amoroso, venimos a ti muy agradecidos por la gracia que nos das libremente. ¡Sabes todo sobre nosotros y todavía nos amas! Ayúdanos a encarnar tu gracia y amor, para que con seguridad podamos brindar espacios de gracia a quienes puedan necesitarla. Todo esto para que venga tu reino a la tierra, en el nombre de Cristo. Amén.

El fundamento para un ministerio del cuidado efectivo es una teología congruente que refleja no solo una comprensión profunda de los estándares de la denominación, sino que también sea ética y reflexiva para las necesidades particulares de la gente en la comunidad. Las mejores prácticas deben considerar no solo las Escrituras, sino también la razón, la tradición y las experiencias que modelan los límites saludables.

Los MCC representan el corazón y las manos de la iglesia. Son tanto pastorales como proféticos. Ellos representan a Miqueas 6:8, para hacer justicia, amar la misericordia y andar humildemente con Dios. En la práctica, los MCC juegan roles teológicos importantes en diferentes momentos, como en los siguientes:

o Profetas que ofrecen orientación y liderazgo;

o Sacerdotes ofreciendo gracia y misericordia, y

o Médicos que ofrecen el cuidado espiritual, mental y físico.

Capítulo Seis

Los MCC encuentran a *todas* las personas en donde están, y les ofrecen la sanidad cristiana.

La redención

Una comprensión de la redención es clave para el cuidado cristiano. La definición simple de redención es «restaurar». ¿Restaurar para qué? Restaurar para ser la persona completa que Dios quiere; una persona que está en una relación cercana con Dios, y cuyo carácter está marcado por el fruto del Espíritu (Gálatas 5:22-23). El buen cuidado congregacional ofrece redención al asociarse con Dios para cuidar de las almas cansadas y cargadas, que están tratando de mantenerse en pie y hacer frente a la vida. A través de actos de cuidado, o simples actos de bondad, las personas pueden encontrar restauración en medio de la muerte y el dolor. La redención se convierte en la piedra angular de todo lo que se hace a través del cuidado congregacional. Una regla general simple para los pastores y los MCC es: «gracia + reglas = redención».

Entendimiento de la sanidad de Cristo

A lo largo del texto bíblico, leemos historias que explican la condición del ser humano, donde hay dolor físico, espiritual, mental e institucional. Estas historias nos enseñan cómo Dios obra en el mundo. Mucho de lo que está registrado en las Escrituras revela cómo la gracia redentora y sanadora de Dios trabaja para lograr la restauración de los individuos y sus relaciones, así como como la justicia institucional.

Las historias, los salmos y las voces proféticas de las Escrituras hebreas fueron formativas para la obra sanadora de Jesús. Él usó las Escrituras para ayudar a la gente a entender que su ministerio reflejaba el corazón de Dios, que «… restaura a los de corazón quebrantado y cubre con vendas sus heridas» (Salmo 147:3, NVI). En Isaías, el lector/la lectora puede vislumbrar el carácter del tan esperado salvador con nombres como «Altísimo» (Salmo 9:2, NVI), «Consejero admirable» y «Príncipe de paz» (Isaías 9:6, NVI), quien trae «...buenas noticias a los pobres... y da «una corona en vez de cenizas, aceite de alegría en vez de luto» (Isaías 61:1, 3, NVI). Este líder intrépido fue capaz de enfrentar los desafíos de la época y conocer muy bien el dolor y la tristeza (Isaías 9, 43 y 53). Como cuidadores estamos llamados a seguir este modelo cristiano.

En los evangelios, Jesús nos inspira a proveer un alto nivel de cuidado, que ejemplifica su nuevo pacto de gracia para todos. Su «luz», en el libro de Juan, alcanzaba a los oprimidos, los deprimidos, los marginados y los físicamente enfermos. Este ministerio profético también incluyó a la comunidad más grande, donde vio injusticias sociales de todo tipo, pobreza y falta de ética, situaciones que lo movían a la acción. Luego en Mateo 25 y Juan 21 escuchamos a Jesús llamando a sus seguidores para cuidar de los más pequeños y de las ovejas perdidas. Escuchamos su desafío de convertir a sus seguidores en cuidadores en Juan 14:12 (NVI), cuando dice: «... el que cree en mí las obras que yo hago también él las hará, y aun las hará mayores, porque yo vuelvo al Padre». Cualquiera que se embarque en este viaje de convertirse en un sanador, semejante a Cristo, debe estar constantemente en oración para que pueda entender y seguir el «camino» de Cristo. Examinar de cerca en las Escrituras de cómo se ve este «camino», informará a nuestra propia capacidad para facilitar la sanidad y la restauración.

Hay cinco elementos fundamentales a considerar.

1. Jesús estaba constantemente en oración.
2. Jesús literalmente se inclinó hasta el suelo para estar con la gente.
3. Jesús estaba dispuesto a hacer un esfuerzo adicional.
4. Jesús fue tremendamente inclusivo.
5. Jesús tenía un equipo de personas.

Consideremos cuidadosamente estos cinco preceptos fundamentales del camino cristiano.

Capítulo Seis

La oración

La vida de Jesús estuvo impregnada de oración, según guiaba constantemente a las personas a tener sus momentos sagrados de conexión con Dios, mientras escuchaba, sanaba, creaba y traía justicia. Nos mostró que la oración nos eleva y nos saca del caos del momento a una realidad diferente. Esa realidad es donde nos conectamos con Dios, y donde puede ocurrir la redención. La oración crea un espacio santo y sagrado. En raras ocasiones, citadas en las Escrituras, vemos a Jesús recibir y experimentar momentos de oración con otras personas: como en su bautismo (Juan 1: 32-33), cuando Juan el Bautista bautizó a Jesús y el Espíritu vino a Jesús en forma de paloma. Otro momento sagrado fue cuando la mujer vino a ungir a Jesús con perfume. Diferentes versiones de este evento están registradas en los cuatro evangelios. Un denominador común es que Jesús declaró a los que la reprendieron, que ella estaba ungiendo su cuerpo para la sepultura. Otra narración sagrada es la historia de la transfiguración (Mateo 17), donde Jesús compartió tiempo con tres discípulos, mientras Dios le hablaba desde una nube y Jesús se transfiguró en una luz blanca deslumbrante.

Todos estos ejemplos nos llaman a buscar una mayor conexión con Dios, que nos prepare para ser agentes del amor sanador de Dios.

Antes de entrar en cualquier situación que involucre la sanidad, debemos haber tomado un tiempo a solas con Dios, para que el Espíritu pueda obrar más plenamente a través de nosotros.

A medida que avancemos en este texto, exploraremos formas para desarrollar nuestra vida de oración, y formas de usarla a través de nuestro ministerio.

Al suelo

En Juan 8:1-11, Jesús literalmente se inclinó al suelo, cuando la mujer acusada de adulterio fue llevada ante él. Note que solo la mujer fue traída a Jesús y no el hombre. Nótese que los acusadores estaban listos para apedrear a la mujer, ya que estaban siguiendo la ley en Levítico 20:10.

Las acciones y la postura de Jesús son importantes para que las consideremos sobre cómo pensamos en nuestro propio ministerio. En esta compleja historia de impropiedad sexual, Jesús se inclinó al suelo dos veces, mientras ofrecía gracia y compasión, las cuales apuntaban a un nuevo pacto para los individuos involucrados, así como para la comunidad. Él estaba modelándoles una forma de redención libre de prejuicios. Le aseguró a la mujer que era digna de una segunda oportunidad. Mientras ministramos, ¿estamos listos para inclinarnos o irnos al suelo, correr hacia el fuego, o pisar las aguas turbulentas? Jesús nos anima a creer que podemos hacer todo esto y más.

La milla extra

A veces, en el ministerio, se nos pide que hagamos más de lo que inicialmente pensamos que podríamos hacer. Jesús entendió ese llamado, donde encontramos a Dios guiándolo a lugares que no eran los habituales. En la historia de la mujer samaritana, en Juan 4:4 (NVI), la Escritura nos dice que él: «…tenía que pasar por Samaria…». No obstante, en realidad la ruta más habitual, en la que los judíos viajaban desde Judea a Galilea, era pasar por el valle del río Jordán. Esa era la manera más segura y rápida. Sin embargo, Jesús sintió que el Espíritu lo guiaba a pasar por Samaria, para encontrarse con esta mujer quien tenía sus propias luchas.

Esta mujer se había casado cinco veces, y se sentía tan avergonzada que esperaba hasta que las demás mujeres fueran y vinieran del pozo para no darles la cara. Sin embargo, Jesús le pidió un trago de agua para recordarle que esta era una nueva forma que él le estaba dando para romper con las viejas fronteras, a medida que le modelaba a un maestro judío al pedirle provisión a una mujer samaritana.

Las Escrituras nos menciona detalles sobre la conversación que tuvieron, donde Jesús nos cuenta detalles de la vida de la mujer, a la vez que habla con esperanza del agua «viva» que él provee. Me imagino que su conversación fue mucho más de lo que proporciona el texto de las Escrituras. Para beber completamente de esta agua que Jesús le estaba ofreciendo, me imagino que él escuchó su relato de aflicción, y cómo su vida no había resultado como ella había esperado. Entonces, en algún momento, él le revela que él es el mesías, y que claramente había venido a Samaria para ofrecerle una nueva vida. La mujer volvió a su pueblo y, por su testimonio, fueron muchos los que creyeron.

Habrá momentos en el ministerio del cuidado en los que se le llamará a correr una milla adicional. Al hacer presencia, a través de escuchar a las personas, ofrecerá sanidad *más allá de su comprensión*. Tenga la seguridad de que cuando usted permite que Dios le dirija, habrá grandes bendiciones.

Inclusividad extravagante

Hay momentos en que sería mucho más fácil mantener nuestra conversación solo con quienes sabemos que están de acuerdo con nosotros. Sin embargo, el camino de Jesús es extremadamente inclusivo. Siendo judío, entendió que socialmente había límites estrictos impuestos por las normas sociales. Los judíos no se mezclaban con los samaritanos. Las mujeres no poseían propiedades, ni ocupaban cargos, ni enseñaban, ni siquiera se sentaban con los hombres. Los gobernantes romanos no se mezclaban con el público en general. El sistema de clases estaba activo.

Jesús habla y vive una nueva alianza para derribar las barreras para que la sanidad pueda llegar tanto a los individuos como a las comunidades. Considere algunas de estas historias:

o Jesús cena con el despreciado recaudador de impuestos, Zaqueo (Lucas 19:1-10);

o Jesús sana a los «indignos» durante el sábado (Lucas 13:10-17; Juan 5:1-18);

o Jesús sana al esclavo de un enemigo político (Lucas 7:1-10), y

o Jesús se hace amigo de Nicodemo, el fariseo (Juan 3:1-21).

En los ministerios del cuidado existe la oportunidad de *crear una nueva conciencia colectiva,* donde la comunidad proporciona lugares en la mesa para todas las personas. Esto puede significar que usted comience nuevos ministerios para la recuperación de las adicciones, sobre el duelo, los problemas de salud mental, el cuidado de adultos mayores, sobre asuntos de la comunidad LGBTQIA+, el cuidado a personas divorciadas, las dificultades financieras e la inseguridad alimentaria. Estos no son ministerios fáciles, pero no pedimos el camino fácil, sino el que dará paso al establecimiento del reino de Dios en dónde nos encontremos.

El equipo

Desde el mismo comienzo de su ministerio, Jesús procuró formar un equipo de personas que estuvieran a la altura de los desafíos. Siendo ese el caso, reunió a un grupo diverso de personas: pescadores, un recaudador de impuestos, un fanático y un ladrón. Junto a eso estaban las tres Marías, quienes le dieron un inmenso apoyo a lo largo de su ministerio. Después de su ascensión, continuó llamando a la gente, incluso al apóstol Pablo, que anteriormente había matado a los seguidores de Cristo.

La idea aquí es encontrar personas, cuyas historias de vida le ayuden a relacionarse con otras personas, que podrían verse desafiadas ante una serie de situaciones diferentes. Los MCC suelen ser sobrevivientes, quienes fueron levantados por la comunidad de fe. Han tenido sus propios momentos de levantarse de sus cenizas. Sus historias de vida los preparan para hacer el ministerio de sanidad, al guiar a otras personas a través de sus tiempos oscuros a la luz de Cristo.

El desarrollo de nuestra teología es esencial para la fundación de nuestro ministerio de sanidad. Nuestra teología nace de nuestra comprensión de la Escritura, la razón, la tradición y nuestras experiencias de vida. Mientras consideramos los diferentes desafíos de nuestros tiempos actuales, el camino cristiano nos ayudará a crear un espacio de amor y gracia, donde puedan florecer y crecer todas las personas.

Capítulo Seis

Al evaluar la teología del cuidado

*Predica la fe hasta que la obtengas, y entonces,
porque ya la tienes, predicarás la fe.*

—Peter Bohler aconseja a Juan Wesley
(«Diario 2: Desde el primero de febrero
hasta el 16 de septiembre de 1738»
Obras d Wesley, Tomo XI, Diarios Tomo I.)

¿En qué principios se *fundamenta su fe*? ¿Utiliza alguno o todos los siguientes elementos para responder a sus preguntas teológicas?

Las Escrituras

¿Cómo ve y usa las Escrituras en su vida y ministerio?
¿Cuál es el papel de las Escrituras en la salvación?

La tradición

¿Se ve parado/parada en el camino de quienes estuvieron antes que usted?
¿Qué entiende sobre los más de dos mil años de la tradición cristiana?
¿Quiénes son los santos/las santas en su vida?

La razón

¿De qué manera ama a Dios con toda tu mente?
¿Tiende a dejar su cerebro en la puerta de la iglesia, y a desactivar sus facultades de la razón y el pensamiento crítico?

La experiencia

¿Cómo ha obrado el Espíritu Santo en su vida?
¿Cuáles son algunos ejemplos de momentos en los que ha estado consciente de la presencia del Espíritu Santo? ¿De qué manera cultiva esa conciencia a diario?

Practique el uso de las Escrituras (los fundamentos de nuestra fe); la tradición (creencias comunes de la denominación); la razón (el pensar lógica y éticamente a través de la situación), y la experiencia (considerar compasivamente la totalidad de cualquier situación) para abordar una necesidad actual del cuidado, como el suicidio o situaciones de salud mental. Escriba sus pensamientos/reflexiones. Recuerde esta práctica todos los días, al considerar diferentes situaciones y necesidades. Comience a hacer de este proceso evaluativo un hábito habitual.

Tres reglas sencillas

Juan Wesley, fundador del metodismo, enseñó tres pautas generales para aplicar la fe a las circunstancias cotidianas, incluida la forma en que nos preocupamos por los demás. Lo/la alentamos a que tenga en cuenta las tres reglas sencillas en su ministerio.

1. No hacer el mal.
2. Hacer el bien.
3. Mantener la relación de amor con Dios.

La evaluación de su comunidad

Al terminar este capítulo, tómese un tiempo para considerar en grupos estas preguntas en el contexto de ser un sanador/una sanadora semejante a Cristo en su comunidad:

o ¿Cómo se vive el estilo cristiano en su contexto?

o ¿Cómo describiría la conciencia colectiva sobre el cuidado de su comunidad de fe?

Capítulo SIETE

En todas las cosas, ¡ore primero!

> *No se inquieten por nada; más bien, en toda ocasión, con oración y ruego, presenten sus peticiones a Dios y denle gracia. Y la paz de Dios, que sobrepasa todo entendimiento, cuidará sus corazones y sus pensamientos en Cristo Jesús.*
>
> —Filipenses 4:6-7, NVI

La oración es el punto de partida de todo ministerio. Crear un ministerio del cuidado congregacional vital comienza con la oración. Dicho esto, a veces damos por sentado el poder de la oración.

Cada iglesia y el pastor/la pastora tienen algunas ideas básicas sobre la importancia de oración. La oración es el medio por el cual la gente espera que el pastor/la pastora se conecte con Dios. Sin embargo, muchas veces los pastores tienen reservas a decir: «Me gustaría orar por ti ahora, ¿Te parece bien?». Como líderes debemos modelar y enseñar sobre la oración como nuestra herramienta clave para poder realizar el ministerio del cuidado.

Permítame la oportunidad de orar por usted al comenzar este capítulo sobre la oración:

> *Oh Dios sanador, te damos gracias por la oportunidad de servir a tu pueblo. Te damos gracias por llamarnos a hacer esta sagrada tarea. Sin embargo, no sabe-*

Capítulo Siete

mos y ni estamos seguros de cómo priorizar las necesidades y crear los sistemas que mejor satisfagan esas necesidades. Entonces, Señor, oramos por quienes están comenzando este viaje. Dales la valentía y fuerza para saber que tú los guiarás. Por favor, proporciónales visión, entendimiento y recursos. Ayúdalos a no tener miedo de pedirte ayuda a ti y a los demás. En todo esto, te damos toda la alabanza, mientras señalamos a la gente el camino de tu gracia y amor sanadores. En el nombre de Cristo. Amén.

Transformación y restauración

La oración nos eleva y nos saca del caos del momento a una realidad diferente. Esa realidad es donde nos conectamos con Dios, y donde puede pasar la restauración. La oración crea un espacio santo y sagrado.

La oración es una herramienta poderosa

o En persona

- Espacio público
- Espacio privado

o En el teléfono

o En un correo electrónico

o En una nota escrita a mano

Cuando no se tienen las palabras

o Interceder por las personas en oración (Romanos 8:26-27, NVI).

o Enseñar y modelarles cómo orar.

La oración, en su forma más simple, es hablar con Dios. No hay nada mágico en la oración: no hay fórmulas específicas que tenga que seguir o palabras que decir. Hay algunas cosas que hacen que la oración sea más fácil, pero el objetivo general es abrirnos a Dios y compartir lo que está en nuestro corazón con Dios. La oración puede ser en silencio o en voz alta; en grupo, o a solas. Oramos en acción de gracias por las cosas buenas, o cuando estamos de luto por las pérdidas en nuestra vida –o incluso, gritamos oraciones de angustia al tener preocupaciones.

A veces, oramos para cambiar la mente de Dios: le pedimos milagros, y a veces suceden. Otras veces, oramos. . . y escuchamos el silencio. Pero encontramos que aun cuando Dios no responde como queremos, *la presencia de Dios comienza a fortalecernos para lo que está por venir a nuestras vidas.* He orado por cientos, tal vez miles de personas cuando estaban enfermas o en hospitales. Puedo pensar en algunas ocasiones en que la persona mejoró milagrosamente, y algunos que superaron significativamente el diagnóstico. Sin embargo, la mayoría del tiempo, mi oración es que Dios camine junto a la persona y su familia; qué les dé fuerza, consuelo y seguridad. Incluso, Jesús no siempre consiguió su primera petición, pero siempre estuvo buscando los propósitos más elevados de Dios. Antes de que fuera traicionado, juzgado y eventualmente crucificado:

> Jesús salió de la ciudad y, como de costumbre, se dirigió al monte de los Olivos, y sus discípulos lo siguieron. Cuando llegaron al lugar, les dijo: «Oren para que no caigan en tentación». Entonces se separó de ellos a una buena distancia, se arrodilló y empezó a orar: *«Padre, si quieres, no me hagas beber este trago amargo; pero no se cumpla mi voluntad, sino la tuya».* Entonces se le apareció un ángel del cielo para fortalecerlo. Pero, como estaba angustiado, se puso a orar con más fervor, y su sudor era como gotas de sangre que caían a tierra (Lucas 22:39, NVI, énfasis en cursiva por las autoras).

Oramos por los tiempos en que todo mejorará, y también para que Dios esté presente en los tiempos en que no lo serán; por la presencia de Dios con la persona y su familia y los médicos, y así sucesivamente.

> *La oración invita a la presencia de Dios a inundar nuestro espíritu; por que la voluntad de Dios prevalezca en nuestras vidas. La oración no puede traer agua a los campos secos, ni reparar un puente roto, ni reconstruir una ciudad en ruinas. Pero la oración puede regar un alma árida, reparar un corazón roto, y reconstruir una voluntad debilitada.*
>
> —Rabí Ferdinand Isserman

Capítulo Siete

A través de nuestras oraciones nos conectamos junto a otras personas con Dios. A veces llegan los milagros, y siempre Dios escucha nuestras oraciones.

Aprender a orar en voz alta

Aprender a orar en voz alta, y sentir comodidad al hacerlo, requiere práctica y algo de disciplina, y a veces, solo el valor para hacerlo como le guíe el Espíritu. Se debe alentar a todos los MCC y líderes del cuidado clave a orar en voz alta con otros cuando sea apropiado. Muchas personas son renuentes a orar en voz alta en un grupo, o incluso con otra persona. Se estima que el 75 por ciento de la población sufre, al menos, algo de glosofobia –miedo de hablar en público. Como líderes, nos animamos unos a otras a practicar la oración en público para que el ministerio del laicado se desate más plenamente. Las siguientes herramientas contienen información detallada para capacitar a los MCC, feligreses, voluntarios y personal acerca de orar en voz alta y, a través de otros medios: el correo electrónico, por teléfono u otras correspondencias escritas.

Las actividades clave que nos ayudan a aprender a orar en voz alta incluyen:

o Comprender las diferentes formas de oración,

o Escribir oraciones improvisadas, y

o Encontrar inspiración y lenguaje para escribir oraciones.

Entendimiento de otras formas de orar

Para la mayoría de las personas, es útil tener un entendimiento de los elementos de la oración. A medida que desarrolle su propio estilo de oración, encontrará que cada vez que ora no cubre todas las partes de los diferentes estilos de oración. Simplemente, sea genuino/genuina ya que conectar a las personas con Dios es el objetivo principal. A continuación, le mencionamos tres estilos diferentes de oración.

Adoración, Confesión, Agradecimiento y Súplica (ACAS)

Este tipo de oración tiene múltiples sujetos, los cuales cubren varios aspectos de la oración. Se base en el acrónimo ACAS (en inglés se le conoce como ACTS: *Adoration, Confession, Thanksgiving, y Supplication**). La misma provee un formato de oración fácil de recordar. Usted puede usar sus propias palabras y gestos relacionados con estas palabras. A continuación, le proveemos algunas porciones bíblicas y bases teológicas para este modelo de oración:

Adoración

> ¡Alaba, alma mía, al Señor! Señor mi Dios, tú eres grandioso;
> te has revestido de gloria y majestad.

—Salmo 104:1, NVI

Confesión

> Por eso, confiésense unos a otros sus pecados,
> y oren unos por otros, para que sean sanados. La oración del justo es poderosa
> y eficaz.

—Santiago 5:16, NVI

Gratitud

> Y todo lo que hagan, de palabra o de obra, háganlo en el nombre del Señor
> Jesús, dando gracias a Dios el Padre por medio de él.

—Colosenses 3:17, NVI

Capítulo Siete

Súplica

> *Préstanos oído, Dios nuestro; abre los ojos*
> *y mira nuestra desolación y la ciudad sobre la cual se invoca tu nombre.*
> *Al hacerte estas peticiones, no apelamos a nuestra rectitud, sino a tu gran misericordia.*
>
> –Daniel 9:18, NVI

La colecta

La colecta es una oración de un solo tema con raíces de las tradiciones cristianas, en las que el culto se estructura más formalmente, como las tradiciones católica, anglicana, episcopal y luterana. Es una breve oración general con una estructura particular. *El Libro de la Oración Común* incluye muchas colectas. Muchas veces, las palabras y frases fluyen juntas en un pensamiento poético. La colecta es especialmente útil para que el pastor/la pastora o el/la líder del cuidado congregacional ore antes de entrar a una habitación de un hospital, o antes de tener una reunión con un/una miembro de la congregación.

Observe la simplicidad y cómo funciona:

La colecta tiene 6 partes:

1. *Invocación*: Llamar a Dios por su nombre. Puede ser tan simple como «Querido Dios», o más complejo, como: «Aliento de vida».

2. *Atributo de Dios*: Nombre un atributo de Dios que encaje con la petición. En la oración de visitación por los enfermos, el atributo es: «fortaleza de los débiles y consuelo de quienes sufren».

3. *Petición*: ¿Qué es lo único que le pide a Dios que haga? En la oración de visitación es: «Acepta misericordiosamente nuestra oración y concede ayuda a tu siervo [sierva]...».

4. *Propósito*: El «para qué» o el resultado previsto. En nuestra oración es para que «la enfermedad se convierta en salud, y el dolor en nuestra alegría».

5. *Cierre*: Esta es una palabra de elogio o la base para pedir, como en la oración: «... por Jesucristo nuestro Señor...».

6. *Afirmación*: «Amén». «Que así sea». Quienes escuchan pueden unirse a esas palabras.

Ejemplo: «Querido Dios Creador, que sanaste a la gente que estaba enferma en cuerpo y espíritu, sana a María de la culebrilla y calma su dolor, para que ella pueda servirte mejor y cuidar a su familia. Oramos con corazones agradecidos, en el nombre de Jesús. Amén».

Este tipo de oración es un elemento muy útil para las llamadas que recibe a diario para brindar el cuidado, porque le provee a cada persona una comprensión de la importancia de los minutos que pasa con ella/él. Le permite que le exprese sus más profundas preocupaciones. En este modelo es útil añadir la expresión de gratitud a Dios.

Usar las Escrituras al orar

Una de las hermosas prácticas que un pastor/pastora o voluntario/voluntaria del cuidado puede aprender y usar, es incluir las Escrituras al orar. Si alguna vez ha leído alguno de los grandes ensayos de los teólogos, se puede ver cómo las palabras de las Escrituras parecen fluir fácilmente en sus escritos u oraciones. Cuando usted conoce las Escrituras, las mismas comienzan a fluir al orar con las personas. Un texto de las Escrituras vendrá a su mente, y encontrará que fluyen a través de sus las palabras. La gente reconoce estas Escrituras, y muchas veces, estas oraciones pueden ser de gran ayuda.

o Lea lentamente un pasaje de las Escrituras en voz alta.

o Haga una pausa en silencio. Contemple el pasaje. ¿Qué le está diciendo Dios? (Si no le dice nada, está bien. No todos los versículos hablan todo el tiempo). ¿Parafrasearía este pasaje?

o Vuelva a leer el pasaje en voz alta. Pause en silencio.

o Anote la porción que le detiene porque toca su corazón.

Capítulo Siete

o Escriba su respuesta sobre la parte de la lectura que le tocó. Puede convertirla en una simple oración.

o Lea el Salmo 46 a miembros de la congregación, específicamente las palabras: «Quédense quietos, reconozcan que yo soy Dios» (v. 10, NVI). Puede incorporar esa Escritura en la oración con algo como: «Señor Dios, ayúdanos a estar quietos, para que realmente podamos escuchar lo que estás hablando a nuestras vidas; para que sin importar lo que pase, podamos tener la seguridad de que estás con nosotros».

En una lectura, junto a la cama de una persona enferma, puede usar el Salmo 23 (v. 4, NVI), como referencia y decir apropiadamente las palabras: «Aun si voy por valles tenebrosos, no temo peligro alguno porque tú estás a mi lado».

Otras Escrituras que puede añadir fácilmente a la oración son: Isaías 43:1 (NVI): «No temas»; Jeremías 29:11 (NVI): «Porque yo sé muy bien los planes que tengo para ustedes»; 1ª de Pedro 5:7 (NVI): «Depositen en él toda ansiedad, porque él cuida de ustedes». Cuando tenga algunas de estas Escrituras en su repertorio, y habite en ellas en su tiempo de oración, puede entrelazar fácilmente las palabras de las Escrituras con sus oraciones. Esta práctica agrega otra dimensión al don de la oración que comparte con la gente.

Escribir oraciones improvisadas

Escribir oraciones en papel es una de las mejores maneras de comenzar a aprender a orar en voz alta. Solo porque su oración es improvisada, no quiere decir que no sea una oración del corazón. Escribir oraciones ayuda a aclarar y a organizar sus pensamientos. También es una disciplina espiritual que le ayuda a crecer en la oración.

También es útil saber que las oraciones que escribe son replicables. Si se le pide que ore sin ninguna preparación, puede usar una de las oraciones que ha escrito o dicho muchas veces una y otra vez. Un buen ejemplo de esto es orar al lado de la cama de una persona enferma que está en el hospital. Si visita a la gente en el hospital, su oración por una persona u otra muy probablemente será similar. No tiene que pensar en una oración original para cada persona. Si bien la oración de intercesión por otra persona es esencial, existen otros tipos de oraciones escritas, que no le piden nada a Dios, sino que simplemente expresan a Dios lo que está pasando en su corazón. Dios lo/la conoce en su totalidad, y sus pensamientos y sentimientos son importantes para Dios.

Muchas veces, tales oraciones se pueden escribir en un diario de oración (impreso o digital). Además, puede tener un efecto liberador escribir sus oraciones. Esto puede convertirse en una forma para liberar sus miedos y ansiedades. Animar a otros a escribir sus oraciones, puede ser una herramienta muy útil para su sanidad. A veces, escribir sus propias oraciones, puede incluir una porción bíblica, como un salmo o palabras de las Escrituras que inspiran. El Salmo 139:1-4 (NVI) es uno de esos ejemplos: «Señor, tú me examinas, tú me conoces. Sabes cuándo me siento y cuándo me levanto; aun a la distancia me lees el pensamiento. Mis trajines y descansos los conoces; todos mis caminos te son familiares. No me llega aún la palabra a la lengua cuando tú, Señor, ya la sabes toda».

Otros dos ejemplos de oraciones usando los Salmos, que expresan profunda emoción, son el Salmo 8 (un salmo de alabanza) y el Salmo 13 (un salmo de lamento).

- o Observe las muchas emociones que expresan estos salmos.

- o Compare los salmos al usar diferentes traducciones o parafraseo.

- o Vea cómo las diferentes traducciones de la Biblia revelan diferentes matices de emoción.

Note cómo el Salmo 8 alaba la bondad y la grandeza de Dios, y cómo el Salmo 13 clama a Dios con ira y frustración, en medio de dolor y sufrimiento, pero al final, el salmista expresa la fidelidad de Dios a través de tiempos difíciles. Los salmos de lamento, típicamente, terminan sus gritos de tristeza al cambiar de perspectiva y recordar la bondad de Dios. Use una hoja de papel en blanco; pase los próximos dos minutos escribiendo una oración como si fuera una carta para Dios. Escriba cualquier emoción que

Capítulo Siete

esté sintiendo o lo que sea que expresaría a Dios a través de un lenguaje cotidiano y sencillo.

Cómo encontrar inspiración para las oraciones

No hacemos trampa cuando escribimos una oración o usamos una oración compuesta de una fuente que no sea de nuestra propia cabeza y corazón. Si una oración escrita expresa lo que usted quiere decir, entonces, también se vuelve suya. Una oración bellamente escrita puede ser una buena manera de comenzar un en grupo de oración, como: antes de las comidas; al dar consuelo durante una enfermedad o después de una gran pérdida. Las oraciones preparadas, como el Padrenuestro o el Salmo 23, pueden resonar profundamente en la memoria de una persona. En actos de celebración importantes para su país, las personas se unen en oración, usualmente, al Padrenuestro. En estos casos, los pacientes que están sufriendo la pérdida de memoria podrán hacer estas oraciones.

Comience a desarrollar su propia biblioteca con libros de oraciones que lo/la inspiren con sus palabras y tonos. Muchas veces esos libros le ayudarán a darle palabras antes de involucrarse en situaciones particulares.

No tenga miedo de buscar oraciones en el Internet, especialmente, para una ocasión especial. Puede encontrar una oración que quiera usar «tal cual» o encontrar inspiración que puede ayudarle a escribir su propia oración. El buscar en diferentes fuentes, que provengan de personas de otras denominaciones y religiones, le puedan inspirar a encontrar las palabras apropiadas, dada la ocasión o situación en que se encuentre.

Formas clave para recibir y ofrecer oración

Cuatro formas para recibir y ofrecer oración incluyen:

o Peticiones de oración recibidas en el culto de adoración y en línea, o Escribir notas/tarjetas,

o Vigilias de oración y espacios sagrados,

o El autocuidado.

Peticiones de oración en el tablón de edictos o en línea

Esto es muy importante para la congregación, y la naturaleza logística del recibo de las peticiones de oración se mencionan en los capítulos relacionados con la documentación. Ya sea que una persona tenga un nuevo bebé, enfrente una enfermedad potencialmente mortal o se le envíe a un ser querido a la guerra, la gente quiere contar con su comunidad de fe para que ore con ella.

La confidencialidad tiene siempre una alta prioridad, ya que la iglesia busca ser muy sensible a las necesidades de la familia de fe y de la comunidad.

Escribir notas

Escribir notas se ha convertido en una cortesía perdida en la mensajería instantánea actual del mundo. Una nota escrita a mano le muestra a la persona que la recibe, que usted se preocupa lo suficiente por él o ella como para invertir tiempo en escribir una nota personal. Para empezar, cree un borrador de lo que quiere decir. Piense en lo que podría decir en una conversación de cara a cara, y luego escríbala.

1. ¡Ore primero! Pídale a Dios que le dé Sus pensamientos y Su actitud acerca de la persona y la situación. Pídale a Dios que use sus palabras para bendecir a la persona a quien le está escribiendo.

2. Incluya la fecha o día de la semana en la parte superior derecha de la nota.

3. Comience la nota con: «Estimado/Estimada _____», en lugar de que «hola» o «saludos».

4. Si la nota se basa en una petición de oración, agradézcale a la persona por haber presentado la petición.

5. Reconozca la pérdida, el problema de salud, la adicción u otro problema mencionado en la petición de oración.

6. Exprese su pésame por la pérdida de un ser querido, su preocupación sobre una situación de salud u otros asuntos.

7. Trate de ponerse en el lugar de quien recibe la nota. ¿Qué le gustaría que alguien le dijera?

8. Sea breve. Mantenga la nota simple. Use oraciones cortas y palabras descriptivas.

9. A medida que el Espíritu la/lo guíe, proporcione una porción o un versículo bíblico para animar a la persona a quien le escribe.

10. Evite frases trilladas como: «todo es para bien», «dale tiempo», «tu madre está en un lugar mejor» (aunque eso sea cierto). También evite atribuir la pérdida o el problema que la persona enfrenta como la voluntad de Dios.

11. Sus palabras reflejan su teología.

12. Asegure a las personas que no están solas. Dígales que están en sus pensamientos y oraciones. Ofrezca ayuda específica, como a quién llamar para oración adicional o guía.

13. Termine su nota con: «En el amor de Cristo», «Gracia y paz» o simplemente, «Bendiciones».

Frases útiles al escribir notas

Condolencias

Condolencias por la pérdida de su ser querido _____.

Estamos/Estoy orando por ti.

Estamos disponibles para caminar contigo en este viaje.

Condolencias después de una larga enfermedad

Creemos que _____ está sano/sana, en plenitud y feliz y con Dios.

Creemos que _____ fue bienvenido/bienvenida en el cielo.

Creemos que _____ escuchó: «Bien hecho, bueno/buena y fiel servidor/servidora».

Por favor, llámeme/llámenos si está pasando por un momento difícil. Las vacaciones, cumpleaños, y otras ocasiones especiales, pueden ser difíciles de superar.

Salud

Qué sientas el toque amoroso de Jesús, el Sanador.

Oro/oramos para que se recupere y retome su actividad normal.

Oro/oramos para que se recupere después de la rehabilitación, ya sea como paciente internado o ambulatorio (p. ej., en el caso de ictus, artroplastia, etc.).

Oro/oramos por una pronta y tranquila rehabilitación.

Por favor, dese tiempo para sanar.

Recuerda ser paciente y amable contigo mismo/misma.

Esperamos verte de nuevo en el culto de adoración (coro, escuela dominical, estudio bíblico, etc.).

Capítulo Siete

Vigilias de oración y espacios sagrados

Estas son formas maravillosas de unir a las personas para orar. Una iglesia podría considerar tener dos vigilias importantes cada año: una en Acción de Gracias; otra el Viernes Santo.

- Comience la vigilia temprano en la mañana y continúe hasta la noche.

- Instale una mesa de bienvenida fuera del sitio designado para la vigilia. Decore con una cruz, velas o flores de temporada, o todos estos. Prepare guías de oración para adultos y niños. Tenga mapas y guías de caminatas de oración disponibles. Pida a los MCC y al personal voluntario servir en esta mesa durante la vigilia en turnos de dos horas.

- Anime a grupos pequeños, clases de escuela dominical o familias a orar juntos.

- Incorpore un programa breve al mediodía, y termine el día con un culto de clausura significativo.

- Planifique una caminata de oración, ya sea en la iglesia o alrededor de la propiedad de la iglesia, o ambos, con estaciones de oración y una guía de oración para la caminata.

- Imprima los nombres de los feligreses individualmente o por familias. Esto puede tomar dos o tres o 50 hojas de papel, dependiendo del tamaño de su congregación. Entregue una hoja con los nombres a cada persona que asista a la vigilia, con instrucciones de orar por los que están en la lista. Las personas que tengan esa hoja deben poner sus iniciales en la misma, y devolverla a la mesa de bienvenida.

Cree espacios sagrados que animen a la oración. Para aprender más sobre espacios sagrados, visite otras iglesias en su área para ver lugares estratégicos reservados para la oración. Si es posible, tenga un espacio especial apartado en el santuario principal, que esté disponible diariamente para la oración o la Comunión. Otras posibilidades pueden incluir:

- Considere construir una pared de oración en un espacio exterior tranquilo, que esté protegido contra el viento y de la vista directa del público. Proporcione bancas o sillas. Anime a las personas a colocar las oraciones escritas en los lugares designados para ese propósito. Haga que un/una miembro del personal recoja esas solicitudes y las entregue al equipo de pacto de oración.

o Proporcione un espacio sagrado interior con Biblias, materiales para escribir, guías de oración, velas y sillas.

o Proporcione materiales para la lectura, que brinden orientación sobre temas de la vida como: el duelo, el aborto espontáneo, divorcio, desempleo, etc.

El autocuidado a través de la oración

Listas de oraciones personales

A medida que comience a asumir los deberes del cuidado, reconocerá rápidamente que el cuidado no tendrá un botón para apagarse. Una vez que conoce a una persona o familia que está pasando por un momento difícil, se sentirá conectado/conectada con su situación. A medida que esta lista mental comienza a crecer, escriba su lista de preocupaciones de oración. Esto le permite observar cuáles podrían ser sus preocupaciones, y con suerte, le ayudará entregárselas a Dios. Por ejemplo:

o Si sabe que una familia está lidiando con una muerte inminente, puede comenzar a orar intencionalmente por el bienestar de esa familia.

o Si hay un miembro en particular de la familia que parece estar lidiando con la culpa a causa de problemas no resueltos, sus oraciones pueden proporcionar orientación y fortaleza para usted, como el cuidador/la cuidadora, acerca de cómo podría apoyarse en la situación, o tal vez estar en guardia para no ser halado/halada por el ciclo de la culpa.

o Lo más importante es orar por el amor y la gracia incondicionales de Dios para que se derramen sobre cada situación. La oración es una herramienta poderosa en esta forma.

Recuerde que Dios siempre está actuando, y no tenemos que extralimitarnos en nuestras tareas. Dios es el Salvador. Permita que Dios trabaje en Su tiempo perfecto.

La práctica de la oración para el autocuidado

En todas estas formas en que hemos hablado sobre la oración, no hemos enfatizado lo importante que es para nosotros esperar en Dios para nuestro autocuidado. ¿Se encuentra atascado/atascada con las decisiones y cargas del ministerio?

Tomar tiempo de devoción personal para conectarse con Dios parece ser un problema común, que los cuidadores cansados pasan por alto. Su vida de oración es de vital importancia para su total bienestar. Está programado/programada para que su respuesta sea luchar o huir. Esto la/lo mantiene a salvo cuando aparece el peligro. Sin embargo, usted no querrá permanecer de ese modo; más bien, necesita orar y liberar sus ansiedades. La oración y la meditación le permiten hacer un cambio intencional lejos de esas emociones, que pueden tenerlo/la tenso/a en un lugar poco saludable. Pregúntese:

o ¿Cuándo me siento en silencio delante de Dios?

o ¿Cuánto tiempo paso en un espacio tranquilo de oración, aclarando mi mente y esperando que Dios me hable?

Sin duda, Jesús entendió cuán importante era su tiempo de oración según experimentaba los rigores del ministerio. Recordamos la historia de Jesús en una multitud, y sintió que el poder salió de él cuando una mujer tocó su manto. En nuestros ministerios diarios entraremos en contacto con una multitud de necesidades y asuntos por tratar. Como Jesús, sentiremos que la energía se va de nosotros. Sin embargo, también podemos sentir el poder que se nos comparte cuando Jesús pasa junto a nosotros, y nos acercamos al borde de su manto.

Cuando vemos el ejemplo de Jesús, lo encontramos yendo regularmente al jardín, a la cima de la montaña, al desierto y a la orilla del lago, para volver a conectar con Dios a través de la oración. Puede que no tengamos el lujo de ir al jardín, pero podemos encontrar un lugar tranquilo en nuestro armario o en nuestra mesa en la cocina con una vela encendida. Debemos construir una vida disciplinada de oración, para ser capaz de hacer este ministerio de sanidad.

Hace unos ocho años, me encontraba realmente agotada todos los días por las exigencias del ministerio. Uno de nuestros MCC, quien es un consejero profesional, me animó a hablar con alguien que había enseñado meditación a lo largo la ciudad. Debo confesar que lo pospuse por un tiempo (demasiado ocupada, ¿no?). Sin embargo, la primera vez que nos vimos, supe que todo lo que ella tenía era lo que yo necesitaba. Había una sensación de paz y gracia en ella, que casi se podía tocar. Hemos estado reuniéndonos todos los miércoles desde que la conocí. Esta vida disciplinada de la oración ha revivido mi ministerio. Las prácticas de oración que compartimos me recuerdan mucho el lenguaje que encontramos en el evangelio de Juan. A continuación, le menciono una de esas prácticas. Algunos pasos simples antes de comenzar la oración incluyen:

- o Sentarse un momento en silencio. Tome cuatro respiraciones profundas. Respirar lenta y profundamente desde su abdomen. Llene sus pulmones. La respiración poco profunda aumenta la tensión; la respiración profunda, relaja.

- o ¿Cuál es el nombre de Dios que le trae mayor consuelo (Dios, Jesucristo, Padre, Creador, Santo, etc.)?

- o ¿Cuál es su mayor necesidad (paz, fortaleza, esperanza, sanidad, guía, consuelo, amor)?

- o Combine las respuestas sobre su necesidad en una oración usando la respiración.

- o Tome varias respiraciones profundas, concentrándose en su respiración.

- o Con los ojos cerrados, combine el nombre (inhala) con la petición (exhalación).

Capítulo Siete

La práctica de la oración con la respiración

Una práctica personal de la oración con la respiración de cuatro pasos es una herramienta de oración para ayudar a cualquiera que esté en el ministerio, o quienes estén pasando por un desafío. Muchas veces, los humanos comienzan a contener el estrés, el miedo, la ansiedad o el dolor en sus cuerpos. La oración con la respiración le permite nombrar esas emociones negativas y luego soltarlas a través de la práctica de la respiración en el paso tres. Planee pasar unos cinco minutos en cada segmento, y tal vez, un poco más en la última respiración. Tome de veinte a veinticinco minutos para hacer este ejercicio. Incluya esta práctica de oración en sus disciplinas diarias durante veintiún días, y se encontrará desarrollando un nuevo hábito. ¡Esta práctica puede ofrecer sanidad espiritual, física y mental!

1. Reconozco mis sentimientos, y recuerdo que todos somos humanos. *¿Siento enojo, resentimiento, temor, ansiedad, etc.? ¿Cuáles son las malas emociones que suelo tener?* Solo sea consciente, no se juzgue. *¿Estas emociones sirven a Dios, a los demás, a mí?*

2. En este momento, me siento _____. *Pero esto no es lo que soy. No soy esta ira, resentimiento, miedo, etc. Soy una hija/un hijo de Dios. Mi alma está conectada con Dios. Puedo elegir ser diferente. Elijo distanciarme de las emociones dañinas.*

3. Concéntrese en su respiración. Inhale y sostenga la respiración. Exhale y permanezca así. Visualice su respiración como la luz de Cristo entrando en su cuerpo. La luz entra en su mente, en sus ojos, en su boca. La luz baja a su garganta, corazón, estómago y sale en sus brazos y piernas. La luz de Cristo se expande en su centro mientras aguanta la respiración y luego suelta la respiración. Mantenga su enfoque en la luz.

4. Visualícese como luz, luego haga lo mismo con la paz, el amor, la alegría, la gracia y la compasión. Tómese el tiempo para centrarse en cada uno de estos atributos superiores. Inhale cada atributo completa y lentamente. Visualícese caminando hacia cualquier situación llevando la luz,

el amor, la paz, la gracia, la alegría y la compasión de Dios. *Soy luz, amor, paz, alegría, gracia y compasión. Me entrego completamente a Dios.* Inhale y exhale.

El propósito de experimentar el silencio en la oración es dar la bienvenida a la presencia de Dios, y permitir que la luz divina habite más plenamente en usted.

Otros consejos para ayudarle a desarrollar su práctica personal de oración son:

o Encuentre lugares donde pueda retirarse para estar a solas y sin distracciones. Apague los teléfonos, la música y cualquier otro ruido de algún dispositivo. Tome la resolución de no responder a un golpe en la puerta, o a ese impulso abrumador de limpiar sus armarios o el ático.

o Ponga un cronómetro por veinte minutos.

o Tómese el tiempo para silenciar completamente su mente y espíritu. Concéntrese en su propia respiración o el sonido del viento al pasar cerca de usted. No piense ni ore usando palabras, solo entre en la presencia de Dios en silencio.

o La oración en silencio es un momento para desviar la atención de usted mismo/misma, de su necesidades y peticiones, o de orar por otras personas. Necesita la quietud y experimentar el sentarse con el Espíritu Santo, volviendo su mente a la luz de Cristo. Reconozca las emociones negativas y visualícelas arrojándolas al fuego. No se detenga en ellas ni intente nombrarlas, simplemente tome ese sentimiento y deshágase de él.

o Eleve sus brazos por encima de su cabeza, como se eleva la luz de Cristo sobre usted. Entonces, deje que sus brazos se abran según la luz de Cristo fluye fuera de usted. Repita este paso varias veces. Experimente estar encarnando la luz.

o Al final de los veinte minutos, termine su tiempo de silencio en alabanza y acción de gracias por la presencia de Dios en su vida y en este tiempo juntos.

Mi oración por ustedes, queridos y queridas, es que se tomen un tiempo con Dios. Den a Dios espacio y tiempo para que hable a sus vidas.

Capítulo Siete

Oren usando su respiración durante ese tiempo. Mientras se sientan en silencio, sean conscientes de esa paz, alegría o amor que pidieron tener. Respírenlos. Cuando nos tomamos este momento importante, recibimos lo que necesitamos para ser sostenidos en el ministerio del cuidado. Somos capaces de escuchar a Dios decir: «Todo está bien».

La paz les dejo; mi paz les doy.

–Juan 14:27ª

¡Tiempo de práctica!

Si está leyendo esta sección como parte de un equipo o grupo, oren unos por los otros. Divídanse en grupos de cinco, y oren unos por los otros. La oración puede ir en un círculo y orar por la persona a su derecha, o cada cual puede elevar una oración según así lo sienta, o lo que funcione para su grupo. Ore por el fin de semana, por los dones de la persona y que pueda usar los dones que Dios le ha dado, u orar por algo que está pasando en su vida. Dediquen tiempo a la oración, y luego compartan sus experiencias de estos momentos de oración.

LAS MEJORES PRÁCTICAS

Oración de preparación: antes de cada sesión para brindar el cuidado, se anima a los pastores y los MCC a orar. La oración de preparación le permite cuidarse espiritual, emocional y mentalmente, a medida que entiende los rigores de tal sesión. Este es un regalo que usted se hace, ¡por lo que no debe ser descuidado!

La fuerza redentora de la oración

La redención es un acto de restauración. La importancia de la oración de redención es primordial en todas las situaciones. Permítanme ilustrar este tema a través de una historia personal: mi propia necesidad de oración.

Historia de redención: La historia de Karen

El Domingo de Resurrección, finalmente, había llegado. Esa mañana prometía ser uno de los mejores Domingos de Resurrección para nuestra iglesia. El clima fue excepcional, las vacaciones de primavera habían terminado y el calendario deportivo fue mínimo. Sin embargo, la semana anterior había sido brutal para mí en otras maneras. Nuestro ministerio atendió las necesidades de ocho familias de la congregación, que habían experimentado una muerte. En tres de esos funerales, yo había sido la pastora principal, quien se encargó de realizar los servicios y cuidar a las familias. Me sentí con energía para trabajar en las actividades del Domingo de Resurrección. Sin embargo, la realidad era que me estaba quedando sin ninguna.

Llegué a la iglesia antes de nuestro primer servicio a las 7:00 a.m. Estacioné mi carro a lo largo de los bordes más alejados del estacionamiento, y comencé a caminar hacia la iglesia. Llenaron mis brazos mi túnica, estola, dos camisas limpias, dos pares de zapatos, y dos bolsas con otros artículos necesarios. Mientras caminaba enérgicamente, casi comenzando a trotar, sentí que empezaba a tropezar. Según continuaba a mi ritmo rápido, perdí completamente el equilibrio y caí de cara al pavimento. El lado izquierdo de mi cara se llenó gravilla y mis gafas cedieron al impacto. Pensé: «Esto no está bien».

Acostada allí, esperaba que alguien hubiera visto la caída, pero en mi vergüenza, también esperaba que nadie me hubiera visto caer en picada. Me levanté como pude y rápidamente me di cuenta de que salía sangre de mi boca y nariz, y tenía raspaduras hasta el ojo izquierdo.

Me llevaron en ambulancia al hospital más cercano. Las oraciones que ocurrieron entre el momento en que ocurrió el accidente hasta que regresé casa, alrededor de la 1:00 p.m., me revelaron algo acerca de la oración y la restauración que sucede a través del proceso redentor. A continuación, menciono brevemente una serie de

Capítulo Siete

momentos de oración que alguien hizo por mí o yo hice por otra persona aquella mañana de Pascua:

- El médico que se ofrece como voluntario para atender a nuestra congregación durante los cultos de adoración oró por mí y yo oré por él.
- Nuestros pastores vinieron y oraron por mí individualmente antes de que fuera llevada al hospital.
- De camino al hospital oré por la joven técnica en Emergencias Médicas en la ambulancia, que me dijo que ella y su pareja no podían encontrar una iglesia hospitalaria.
- Oré con el conserje en la sala de emergencias, que dijo que tenía tres trabajos, y por eso, no podría asistir a la iglesia para el culto de adoración del Domingo de Resurrección.
- Mi esposo y yo oramos con el joven que compartió nuestro espacio en la sala de emergencias. Gritó que estaba asustado, y nos pidió que abriéramos la cortina que nos separaba.

Cada vez que alguien oraba por mí, o yo oraba por alguien, estábamos involucrados en el acto de la restauración. Estábamos trascendiendo del caos del momento y conectándonos con Dios, donde la restauración podía pasar.

Esa loca mañana de Pascua, que nunca olvidaré, estuvo llena de oportunidades para que las personas fueran tocadas por el amor de Dios, ¡incluyéndome a mí! Después de esa mañana, recibí muchas llamadas, tarjetas, mensajes a través de las redes sociales y correos electrónicos de personas que me decían que estaban orando por mí. Realmente creo que esas oraciones son las razones del porqué sané tan rápido.

La evaluación de su comunidad

Como MCC irá a los hogares de las personas, a las habitaciones de los hospitales y funerarias, y se sentarán sobre las tumbas, y caminarán con la gente a través de los infiernos más profundos que están experimentando. Este es un trabajo sagrado e importante. La oración es su herramienta más importante.

o ¿Cuál es su rutina diaria de oración?

o ¿Qué significa para usted orar sin cesar?

o ¿Qué actividades cotidianas podrían darle indicaciones diarias para orar?

o Reclute a un/una colega o miembro de confianza para discutir:

- Su contenido y estrategia de oración.
- ¿Qué está funcionando?
- ¿Por qué cree que está funcionando?
- ¿Qué no funciona?
- ¿Cómo se puede mejorar?
- Nombre los pasos para diseñar una estrategia de seguimiento para las peticiones de oración.

o ¿Tiene un equipo de oración que da seguimiento regularmente a las peticiones de oración?

- Si no lo tiene, ¿cómo podría formar uno?
- ¿Cómo podría su ministerio beneficiarse de tener un mayor enfoque en la oración?
- ¿Cuándo ha visto pasar la redención a través de una enfermedad o herida o lesión?

Capítulo Ocho

Los límites

Ayúdense unos a otros a llevar sus cargas, y así cumplirán la ley de Cristo.

—Gálatas 6:2, NVI

Los límites son las fronteras que ponemos en las relaciones, que nos permiten equilibrar la cercanía y la libertad. Puede existir límites para salvaguardar, así como delinear lo que es un comportamiento aceptable o inaceptable. Cuando está ministrando a otra persona, no solo necesita respetar sus límites, pero también usted debe establecer límites para su relación con él o ella. Recuerde como pastor/pastora o MCC, ustedes son considerados legalmente como personas de autoridad, lo que significa que debemos analizar atentamente cada interacción.

Ideas clave a considerar y discutir con su equipo

Sea consciente de sus emociones.

Tenga cuidado al compartir su información personal.

o Esto confundirá su papel: será visto/vista como un amigo/una amiga, no como un cuidador/una cuidadora.

- La persona podría hacerse cargo de las preocupaciones que usted tiene.

- No hable de usted porque sienta la necesidad de hablar.

- Solo comparta información si es útil para alentar o como un ejemplo de enseñanza.

- Busque atención, consejo y apoyo para usted misma/mismo.

- Sea consciente de las respuestas/reacciones emocionales que usted tiene.

- Las emociones fuertes de una persona pueden desencadenar las emociones de usted.

- Es normal sentir tristeza, molestia, miedo, atracción, frustración, protección o simpatía.

- No es útil que usted exprese o actúe sobre estas reacciones.

- Dé el cuidado y la atención independientemente de una reacción emocional. ¡Esto toma práctica!

- Sea consciente de cómo usted reacciona.

Tocar

- Usar el tocar con moderación.

- Puede ser una herramienta poderosa.

- Puede ser curativo y reconfortante o confuso, hiriente y desagradable.

- Úselo solo cuando tenga un buen propósito: las necesidades de la persona, no las suyas.

- Pida primero permiso.

- La persona puede reaccionar de manera diferente a sus intenciones.

o Imagine que su conversación está grabada en video. ¿Cómo se sentiría usted al verlo, que lo vea su cónyuge, o que lo vea el esposo/la esposa de la otra persona?

El tono de voz y las palabras

o El tono y el volumen de su voz reflejan sus emociones.

o Pregúntele a la persona cómo le gustaría que usted se dirigiera a ella/él, por su nombre o, más formalmente.

o Observe los tonos que muestran frustración, así como los que son alentadores.

o Puede elegir cuidar a través del sonido de su voz.

o Llamarlos «cariño» o «mi amor» puede ser ofensivo o confundir las líneas entre lo profesional y lo personal.

o Pida a alguien que preste atención a su voz después de responder a diferentes situaciones. Es posible que no note ningún cambio, pero el/la oyente probablemente lo hará.

o Concéntrese en las necesidades de la persona, no en las suyas.

Reglas básicas para establecer límites saludables

A continuación, mencionamos algunas pautas básicas de límites para cualquier persona que apoye a los ministerios:

o Nunca se permita estar en una situación insegura o comprometedora. Asegúrese de que se haya instalado un cristal/ventana en las puertas de las salas utilizadas para reunirse con los feligreses. Nunca brinde cuidado a alguien si se encuentra solo/sola en su iglesia.

- Entienda que usted está en una posición de autoridad cuando brinda cuidado a alguien.

- Tenga cautela acerca de dónde se reúne para brindar cuidado para que pueda crear un entorno seguro y profesional. Busque orientación y apoyo si va a viajar con una persona a la que está cuidando.

- Nunca vaya solo/sola a una visita domiciliaria si puede ponerlo/a en una situación peligrosa.

- Insista en que todos los voluntarios y el personal tomen un curso que enseñe límites éticos establecidos por su denominación. (Los estados, a menudo tienen una certificación para personas que brindan cuidado a niños y adultos y cuidados de enfermería.) Asegúrese de que esta capacitación incluya la verificación de antecedentes penales/criminales de los participantes. Muchas denominaciones utilizan un curso llamado «Reuniones Seguras» o *Santuarios Seguros.*

- Enseñar y establecer códigos de vestimenta para el personal y los voluntarios. Cuando las personas están en una situación vulnerable, no deje que la ropa ponga en detrimento los momentos sagrados que se le ha confiado para dirigir o escuchar.

- Sea consciente de cualquier sentimiento sexual que pueda tener por un/una miembro de la congregación, miembro del personal, colega o voluntario. Identifique y reconozca esos sentimientos. No obstante, nunca reconozca esos sentimientos a la persona por la que tiene esos sentimientos. No se exponga a una situación vulnerable. Consulte con alguien de confianza y mantenga sus sentimientos bajo control.

- Nunca es apropiado estar en una relación romántica con quien usted está cuidando.

- Nunca comparta la información personal de nadie.

- La Ley de Transferencia y Responsabilidad de Seguro Médico (HIPAA, por sus siglas en inglés) protege la privacidad de la información médica de una persona. Las iglesias están exentas de HIPAA, pero, como cuidadores, deben cuidar diligentemente la confidencialidad de sus congregaciones.

Capítulo Ocho

Ejercicio de práctica

Trabaje en tríos para hacer un juego de roles sobre establecer límites seguros. Una persona interpretará el rol del cuidador/de la cuidadora, otra persona será quien busca el servicio de cuidado, y la tercera persona, la observadora/el observador.

Posibles escenarios

- o Una estudiante universitaria embarazada
- o Una esposa enojada que vive en una relación abusiva.
- o Un joven desempleado y deprimido
- o Un padre de tres niños pequeños, que acaba de ser diagnosticado con cáncer.
- o Un joven cuya madre murió trágicamente.

Al usar las pautas para los límites, la observadora/el observador informará sobre el escenario, las emociones, los tonos de voz, el uso del tacto, el efecto sobre el cuidador/la cuidadora y el riesgo para el cuidador/la cuidadora.

- o ¿Cómo estableció los límites el cuidador/la cuidadora?
- o ¿Cómo reaccionó la persona que buscaba atención ante los límites establecidos?
- o ¿Cuándo se traspasaron los límites? ¿Cómo reaccionó el cuidador/la cuidadora?
- o ¿Cómo manejó el cuidador/la cuidadora el fuerte ambiente emocional? Si hay tiempo, cambie los roles y repita este ejercicio.

Historia de redención de una mujer joven

La joven entró en mi oficina con una expresión de dolor. Tímidamente me estrechó la mano y luego se sentó en el otro extremo del sofá. Cuando comenzamos nuestra sesión, realicé mi acostumbrada explicación sobre la gracia de Dios. Empezó a llorar, pero permaneció en silencio cuando le pregunté si tenía alguna pregunta antes de que ella empezara a contarme una historia. Ofrecí una breve oración, y luego le pedí que compartiera lo que estaba en su corazón.

Durante una pasantía en el verano anterior, un supervisor de confianza empezó a interesarse especialmente por ella. Una noche cuando estaban solos, la agredió. Aunque estaba confundida, avergonzada y sin saber qué hacer, no contó a nadie sobre esta experiencia. Pero la situación se repitió una y otra vez. Cuando descubrió que estaba embarazada, le contó a sus padres.

La historia se volvió más compleja. Ella no solicitó ningún apoyo y tuvo poca interacción con el hombre después de que supo que estaba embarazada. Aparentemente, él la había instado a abortar, pero ella rechazó esa opción. Cuando vino a verme, el bebé ya había nacido, y no sabía cómo seguir adelante con su vida.

Muchas mujeres, en tales situaciones, tienen dificultades para identificar cuando está sucediendo el abuso. A menudo, el comportamiento se intensifica gradualmente que no parece inapropiado, hasta ir demasiado lejos. Los depredadores se aprovecharán de personas de cualquier edad, y la mayoría de ellos no se dan cuenta de su propia enfermedad hasta que son capturados y enjuiciados por el crimen.

En este caso particular, la joven estaba tan llena de vergüenza que quedaba claro que necesitábamos orar por su propia necesidad de recibir gracia. La historia teológica de la gracia se aclara en Romanos 5-8, que termina con la seguridad de que nada podrá separarnos del amor de Dios en Cristo Jesús, nuestro Señor.

La joven tuvo varias sesiones conmigo mientras hablábamos de la gracia y la justicia. También, fue importante para su jornada hacia la sanidad la necesidad de recibir consejería psicológica. Ella recibió apoyo psicológico y espiritual, los cuales realmente creo que la ayudaron.

Esta joven ahora es mucho más sabia, y está usando su historia para ayudar a otras personas. Incluso, ha contado su historia en la televisión nacional. Con suerte, muchos pueden aprender de su historia sobre la terrible ofensa que cometió su antiguo supervisor,

Capítulo Ocho

y las increíbles decisiones que ella tomó. Esta joven mujer ahora se graduó de la facultad de Derecho, y siempre será una defensora de las mujeres. ¡Este es el poder de la redención!

Revisión y discusión de lo esencial

En cada situación puede haber asuntos más importantes que deben tenerse en cuenta. Una/un MCC siempre debe consultar con su pastor/pastora esos asuntos importantes para evitar confusiones o pasos en falso sobre una situación. Muchas veces, las decisiones difíciles tendrán que hacerse y, a veces, la mejor elección puede no ser perfecta, pero seguirá siendo la mejor elección. Considere: reglas + gracia = redención.

Preguntas para discutir con el pastor/la pastora y el equipo de MCC

¿A quién contactarían con respecto a cuestiones éticas?

¿Entienden las legalidades de la responsabilidad pastoral?

¿Cuáles son sus claros límites pastorales?

¿Cómo le aclaran a un/una miembro de la congregación cuáles son esos límites?

¿Está el mobiliario de sus oficinas preparados para crear un espacio que mantenga los límites?

¿Hay una ventana en la puerta de la oficina o salón dónde ofrece el cuidado?

¿Sabe qué tipos de comportamientos deben ser reportados a las autoridades?

- ¿A las autoridades de la iglesia?
- ¿A los organismos encargados de hacer cumplir la ley y los servicios de las agencias para la protección de niños y adultos mayores o personas vulnerables?
- ¿Saben qué pasos debe seguir para hacer un informe?

¿Ha usado alguna vez un consejero personal durante momentos especialmente estresantes?

¿Pueden hablar al respecto con sus compañeros del clero?

¿Hay alguien con quien no esté relacionado o sea un confidente en quien pueden confiar?

¿Cuándo han experimentado la redención como resultado de las reglas y la gracia?

¿Han visto la redención suceder solo por la gracia, o solo con por las reglas/normas?

La clave para un ministerio de sanidad es una comprensión de los límites apropiados que modelan un profundo sentido de respeto por quien recibe nuestro cuidado, mientras ayudamos proporcionarle una mayor conexión con Dios.

Capítulo Ocho

> ## DESARROLLO DE BUENOS LÍMITES
>
> - Sea consciente de sus emociones y su papel como pastor/pastora/MCC.
>
> - Tenga cuidado al compartir información personal.
>
> - Considere cuidadosamente el tocar, la postura corporal y el tono de voz.
>
> - Tener en cuenta el lugar y la hora para realizar las visitas.
>
> - Considere la importancia de mantener confidencial la documentación y la evaluación.
>
> - Escuchar, reflexionar, consolar y apoyar con dirección espiritual.
>
> - Practique la precaución adicional en situaciones críticas.

La evaluación de su comunidad

Al terminar este capítulo, tómese el tiempo para reflexionar sobre estas cuatro preguntas en el contexto de establecer límites:

o ¿Qué le está llamando Dios a hacer?

o ¿Cuáles son sus prioridades y metas?

o ¿Quién puede ayudarle?

o ¿De qué maneras puede lograr cada meta?

Capítulo Nueve

Escuchar pastoralmente y la guía espiritual

> *Mis queridos hermanos, tengan presente esto: Todos deben estar listos para escuchar, y ser lentos para hablar y para enojarse…*
>
> –Santiago 1:19, NIV

Muchas veces, las personas en crisis acudirán primero a su pastor/pastora, porque esperan tener un lugar seguro y confidencial para navegar una situación difícil. Recuerde que mientras asume este rol, nadie espera que usted sea su salvador/salvadora.

¿Estamos listos? Y, lo digo en serio: ¿Estamos listos espiritualmente para mostrar la gracia, el amor y la compasión? Los momentos del compartir espiritual pueden despertar y transformar la conexión de una persona con Dios. Y al final, eso es nuestro verdadero objetivo: conectar a las personas con Dios.

Solo tener a alguien con usted es un regalo. Dar ese regalo como pastor/pastora o MCC hace un buen día de ministerio. Con solo escuchar y estar con alguien, la sanidad puede comenzar a ocurrir. Esto es clave: la persona debe sentirse escuchada. Esto es fundamental para las personas. Transmítale a él o a ella, que cuenta con toda su atención, a través de su tono de voz y postura corporal.

Capítulo Nueve

Alguien que sabe escuchar

Visualícese teniendo una conversación con alguien que sabe escuchar. Identifique las características que hacen de esta persona un buen/una buena escuchante. Imagine compartir con esta persona algo que sucede en su vida. Escriba algunas cosas que nota sobre su conversación imaginaria con el buen/la buena escuchante.

o Comunicación no verbal: el 90 por ciento de lo que «decimos» es no verbal. Predica siempre y usa palabras si es necesario.

o Respuestas verbales o preguntas.

Ahora, imagine una experiencia con *alguien que no sabe escuchar*. ¿Qué recuerda de ese encuentro?

¿Qué aprendió al responder estas preguntas que le pueden ayudar desarrollar sus habilidades para saber escuchar?

Guías para saber escuchar

Como pastora/pastor o MCC, nuestro trabajo más importante es saber escuchar. Debemos prepararnos a través de la oración y la meditación para contar con la ayuda del Espíritu durante toda la conversación.

Ore antes de cada sesión. Consiga tener en el estado de ánimo correcto para que Dios pueda obrar a través de usted. Ore para que sus asuntos personales se mantengan fuera del camino, y para que la luz de Cristo brille en usted, y fluya hacia la persona que busca su cuidado.

Cuando comience una conversación con un/una miembro de la congregación, asegúrele que todo lo que hable será confidencial, a menos que sea necesario ser compartido con otro pastor/otra pastora para el ministerio en curso, o con un consejero psicológico, en cuyo caso usted consultará primero con la persona que recibe su cuidado.

Solicite al miembro de la congregación que firme la documentación correspondiente (si es necesario), que promete mantener en confidencialidad su conversación, así como la documentación con la información de contacto de la familia. Infórmele que usted tomará algunas notas a lo largo de la sesión. [Ver «Apéndice A: Notas del cuidado pastoral» y «Apéndice B: Información de contacto de la familia»].

Informe al miembro de la congregación sobre sus propios límites éticos. Como pastores y MCC, tratamos de limitar a cuatro o cinco sesiones con un/una miembro de la congregación. Sin embargo, si hay situaciones muy inusuales por tratar, como relacionadas al duelo o al perdón, puede que se requieran añadir más sesiones.

Agradezca a la persona por reunirse con usted. Recuérdele:

- Se necesita valentía para pedir ayuda.
- Este es un espacio seguro para llorar, si es necesario. Asegúrele que usted cree que Dios obra a través de la gracia y el amor y no del juicio.
- Es un honor para usted e que la persona le haya compartido sus situaciones.
- Hacer el espacio de la reunión santo y sagrado. Tal vez quiera encender una vela.

Ore con la persona. Dé gracias a Dios por la oportunidad de estar con esa persona. Pídale a Dios que:

- Lo/la capacite para saber escuchar a la persona.
- Le dé a la persona que está con usted la valentía y fortaleza para compartir lo que hay en su corazón.
- La/lo ayude a prestar atención a la guía del Espíritu.

Muchas veces cuando levanto la vista al orar, veo la persona que está llorando. Ese puede ser un signo de que la persona está dispuesta a iniciar su jornada de sanidad.

Capítulo Nueve

Ejemplo de una oración

Dios misericordioso, te agradecemos por la oportunidad que has provisto para que Jim comparta lo que está en su corazón hoy. Permítele que pueda vaciar su corazón, y permíteme escuchar con un corazón libre de juicio. Permítenos ver juntos y estar alertas a lo que podrías estar agregando a esta conversación. Todo esto te lo pedimos en el nombre de tu Hijo, nuestro Sanador. Amén.

Ejemplos de preguntas útiles

Preguntas iniciales

o ¿Qué te trae por aquí hoy? ¿Qué hay en tu corazón hoy?

o Si esta no es la primera visita de esa persona, usted puede revisar la sesión anterior, y luego preguntarle qué ha ocurrido en su vida desde la última vez que se vieron.

Preguntas de clarificación

o ¿Podrías contarme más sobre eso?

o ¿Cómo eso te hizo sentir?

Preguntas espirituales

o ¿Cómo está tu alma?

o ¿Cómo es tu relación con Dios?

o ¿Cuándo te sentiste más cerca de Dios?

o Escuchar pistas sobre el bienestar espiritual de la persona, incluyendo: la vida de oración, lectura de las Escrituras, el llevar un diario, momentos de tranquilidad, actividad en grupos y de adoración.

o ¿Te estás conectando con Dios diaria o semanalmente?

Preguntas cuando brinda cuidado a parejas con problemas maritales

o ¿Quieren ambos que este matrimonio funcione?

o ¿Oran y adoran juntos?

Preguntas ante señales de depresión o enfermedades mentales alarmantes

o ¿Cómo estás durmiendo? ¿Cómo estás comiendo?

o ¿Alguna vez te has sentido suicida? ¿Tienes un plan para hacerte daño?

o Si hay algo que le hace pensar que la persona tiene tendencias suicidas o podría hacerle daño a otra persona, usted tiene la obligación por ley de compartir la información con las personas adecuadas. Todos los profesionales de ayuda están obligados a denunciar el abuso infantil. Los requisitos de su informe, así como los límites de confidencialidad pueden variar según las leyes de su estado. Por favor, asegúrese de conocer estas regulaciones y pueda comunicarlas, según sea necesario, a las personas que buscan recibir el cuidado.

Preguntas al cuidar a alguien en una relación en crisis

o ¿Estás en un lugar seguro en este momento?

o ¿Tienes un plan en caso de que necesites salir rápidamente de dónde vives?

Escuchar auténticamente

Esto puede parecer una tarea fácil, pero escuchar auténticamente requiere habilidad y paciencia. Los escuchantes hábiles saben cómo hacer preguntas para confirmar la información que se ha compartido, y hacer declaraciones reflexivas que ayudarán a la persona a estar dispuestas a compartir. Algunas ideas importantes para escuchar auténticamente incluyen:

- o Prestar atención,

- o Parafrasear o reafirmar lo que la persona compartió,

- o Repetir los sentimientos descritos,

- o Hacer preguntas abiertas que requieran una respuesta diferente a un sí o un no, y

- o Ser sensible a las pistas que identifican:
    - Situaciones dañinas, donde la ira o los problemas de sexualidad pueden representar un riesgo. Si nota algo, diga algo.
    - Sistemas familiares que necesita descubrir.
    - Una historia familiar que revele la repetición de ciertos comportamientos.
    - Si la persona siempre trata de manejarlo todo.

Otros consejos clave para escuchar

Prepárese

- o Mentalmente
    - Aclare sus pensamientos.
    - No trate de pensar en las respuestas antes de tiempo.
    - Sea una presencia de paz; no de ansiedad.
- o Físicamente
    - Aclare sus pensamientos.

- Siéntese al frente de la persona.

- Haga contacto visual.

- Inclínese hacia adelante.

- Tenga a la mano los materiales que necesita (bolígrafo, papel, Biblia, pañuelos desechables, formularios para firmar).

- Recuérdele a la persona que este es un lugar seguro si le parece que ella o él está dudando en compartir.

- Elimine las distracciones: sin teléfonos celulares, ruidos fuertes o gente charlando afuera de su puerta.

- Permitirle hablar sin interrupción.

- Preste atención; sin bostezos. No mire alrededor de la habitación.

- Escuchar cómo la persona dice algo.

- Observe el lenguaje corporal y lo que podría quedar sin decir.

Tenga empatía

o Permita que la persona exprese sus emociones.

o Reconozca el dolor, el miedo, la ansiedad y la tristeza de la persona.

o Sentarse en silencio puede ser un regalo o una bendición.

o No haga suposiciones.

o Ofrezca retroalimentación, pero evite dar consejos.

o Repita o parafrasee lo que le comparte la persona.

Capítulo Nueve

Es útil reconocer tres niveles al escuchar:

1. Escuchar internamente –donde estamos pensando en nuestras actividades diarias, listas, etc.
2. Escuchar enfocadamente –donde escuchamos atentamente a la otra persona.
3. Escuchar a un nivel alto espiritual –donde estamos concientes de la guía de Dios a lo largo de la conversación.

Mientras escucha, sea consciente de sus propios sentimientos. No los comparta con la persona que busca ayuda. Sus sentimientos son una señal clara de lo que realmente está sucediendo en la habitación. Por ejemplo, si normalmente se siente totalmente, o inusualmente agotado/agotada después de reunirse con una persona en particular, esto puede indicar cómo los demás también responden a él o ella. Es posible que tenga conversaciones que sean muy agotadoras. Además, sus sentimientos también pueden indicar o estar relacionados con lo vacía que se siente esa persona.

Otro ejemplo: Si se siente aburrido/aburrida o como si la persona realmente no le estuviera hablando a usted, sino a otra persona, esto puede indicar que es posible que un consejero experimentado deba abordar problemas psicológicos más profundos. Consulte con un/una colega respetado y de confianza. Permita que las personas sientan que lo que sienten es importante. Tener un lugar seguro para expresar sus sentimientos es una bendición. A veces, como humanos, sabemos que nuestros sentimientos son miopes o contrarios a lo que nos gustaría que fueran. ¡Qué regalo/bendición es tener a alguien que simplemente reconozca nuestra humanidad y espere pacientemente con nosotros mientras procesamos nuestros sentimientos! A medida que las personas describen sus sentimientos, se escuchan a sí mismas, y comienzan a moverse en una dirección diferente.

Esperar

o Espere a que las personas empiecen a revelarle dónde ven que está yendo la situación.

- Ayude a las personas a considerar cómo vivir en el caos o esperar hasta que la solución se vea claramente. Esta es una de las cosas más difíciles de hacer.

- La gente por lo general quiere algún tipo de dirección inmediata. Generalmente, encuentro que ya saben la dirección en la que deben ir; ellas solo quieren que usted la afirme o la ponga en duda.

Reflexionar

Después de que se haya contado la historia, dé tiempo para reflexionar brevemente sobre lo que ha oído.

- Haga todo lo posible por no emitir declaraciones críticas; deje que la gracia actúe.

- Permita que la persona sienta la misericordia a través de su forma de pensar para que ella/él pueda modelar misericordia.

- A veces, no puede encontrar las palabras adecuadas para responder a la historia de la persona. Está bien simplemente decir: «Vaya, me resulta difícil encontrar las palabras adecuadas. Tu situación es muy difícil». Esto es raro, pero cuando crea que lo ha oído todo, alguien volverá a contar la historia de una muerte traumática o abuso infantil. Cuando escucha esas historias por primera vez, es posible que se sienta completamente incapaz de ayudar. En esos momentos, busque mentores o confidentes de confianza que puedan ayudarle a descifrar la situación/caso, y le guíe a cómo dar el servicio de cuidado en la próxima sesión.

- Una respuesta pastoral es solo eso: pastoral. Puede incluir el uso de las Escrituras, la oración, la enseñanza o el pensamiento reflexivo. No es una respuesta clínica; hay una gran diferencia entre ambas. Una pregunta útil es (cuando corresponda): «¿Con quién te identificas en las Escrituras?».

- Si hay dudas teológicas, yo trato de dar respaldo bíblico a mis respuestas. (Vea al final del libro una lista de libros sugeridos). Podría sugerir libros que he encontrado útiles para las situaciones. Mantengo una breve lista de libros sobre temas sobre el duelo, matrimonio, abuso sexual, adicción, etc.

Capítulo Nueve

Tarea

Las tareas son de ayuda. Trate siempre de dar a la persona, pareja o familia algo de tarea. Podría ser: memorizar ciertas Escrituras, asistir al culto de adoración, asistir a un grupo de apoyo, salir a una cita, crear un *collage* de su historia familiar, o autocuidarse de maneras concretas. Mantenga un registro de cualesquiera Escrituras, libros u otra tareas que asigne durante la sesión, para que pueda recordar preguntar al respecto en la siguiente reunión. (Documente en sus notas del cuidado pastoral. Ver el «Apéndice A: Notas del cuidado pastoral»).

Pasos siguientes

o Establecer metas.

o Pídale a la persona que dedique tiempo a la autorreflexión:

- ¿Qué hay de bueno en su vida?
- ¿Qué le da alegría?
- ¿Cómo ayudaría el hacer cualquier cambio en su vida?

o Comuníquese con un consejero certificado, si es necesario.

Guía espiritual

o Sugiera citas bíblicas.

o Sugiera formas de crecer a través de la oración, llevar un diario, la meditación, hacer la «Oración de Serenidad», las devociones diarias [como *El Aposento Alto*], hacer la oración con la respiración, *lectio divina,* etc.

o Fomentar nuevas disciplinas espirituales diarias (veintiún días crea un hábito).

o Recuérdele a la persona que la acción precede a la emoción.

- o Ayúdelos a dar pequeños pasos y a ser pacientes consigo mismos.

- o Pregúnteles si les gustaría hablar con alguien que haya pasado por una situación similar.

- o Diríjalos a clases que puedan ayudarlos a superar su duelo, problemas de crianza o de relaciones.

El apoyo

- o Pregunte si hay familiares o amigos de la congregación en quienes confía y pueda llamar.

- o Fomente buenos límites al decirles cuándo sería apropiado llamarlo/la a usted, a otro/otra MCC, o a un pastor/una pastora.

La responsabilidad

- o Envíe un correo electrónico/llame al MCC, al pastor/a la pastora, o a otra persona para decirle cómo le va a la persona a la que le ha brindado el cuidado.

- o ¿Está dispuesta la persona a reunirse con alguien semanalmente?

Use la información provista en el «Apéndice C: Evaluación del cuidado espiritual», para dar seguimiento a cada sesión. Esta información le ayudará a mantener un registro de los asuntos espirituales compartidos por la persona, los componentes espirituales para un plan/intervención y los resultados del cuidado espiritual.

La «Evaluación del cuidado espiritual», es una excelente herramienta para usar con alguien mientras lo/la ayuda a navegar una situación desafiante en su vida. Puede alentar a la persona a tomarse unos días para pensar en las preguntas, junto con la «Lista de cotejo del cuidado espiritual» (ver el Apéndice D). Luego ofrézcale tiempo para trabajar en sus ideas con usted. Este proceso de reflexión puede tomar dos o tres sesiones con el individuo.

Capítulo Nueve

Estudio de casos

Trabajar en tríos para dramatizar una sesión de escuchar. Una persona está buscando cuidado, otro es el cuidador y la tercera funge como la evaluadora. Los posibles escenarios incluyen:

o Mujer joven hospitalizada con dolor abdominal;

o Hombre de sesenta y cinco años, cuya esposa ha muerto;

o Persona con problemas financieros crónicos, y

o Adolescente que alega abuso sexual por parte de un maestro/maestra.

La crisis

Cuando hay una crisis, la persona necesita tener claros los próximos pasos concretos para, al menos, una semana. Pregúntele: «Una vez terminemos nuestra sesión hoy, ¿qué harás cuando _____?». En los próximos siete días, haga que la persona identifique:

o Una actividad planificada, preferiblemente con alguien;

o Alguien a quien llamar todos los días, si él o ella tiene problemas (una persona diferente todos los días si es posible);

o Información de contacto de emergencia, y

o Cuándo asistirá a la iglesia dos veces en esta semana (ya sea virtualmente o en persona), una vez en el culto de adoración; y otra, en otra actividad.

Durante la próxima semana, pídale que planee dos o tres pasos similares a los de la semana anterior. Haga que la persona identifique qué hacer si él o ella tiene luchas o dificultades. Por ejemplo:

o Prepare una lista de lo que le da vida/felicidad/placer: salir a caminar, leer un libro, etcétera. Usted debe tener disponible dicha lista.

o Preparar una lista de personas que han pasado por situaciones similares a la de esta persona. Incluso si no conecta a estas personas, ya tiene un nuevo recurso.

Ministerio con la comunidad LGBTQIA+

Uno de los regalos de nuestra sociedad actual es tener una mayor curiosidad y apertura para ayudar a las personas a comprender su identidad sexual. Un buen día del ministerio es tener a alguien que confíe en nosotros lo suficiente como para compartir sus preguntas y luchas al respecto. Aunque los pastores y los MCC no son científicos, sociólogos o consejeros psicológicos, podemos ofrecer aliento y guía espiritual con respecto al don de Dios de crear a cada persona única y especial. Ha sido probado, una y otra vez, que las personas que no son aceptadas por sus comunidades de fe están mucho más propensas a sentir la ansiedad, la depresión y el suicidio. Seamos una comunidad de fe para todas las personas, donde todas sean vistas como hijos/hijas de Dios. En ese sentido, hay algunas ideas importantes para considerar:

1. Edúquense usted y su equipo del cuidado a través de libros y oradores conocedores del espectro sexual.

2. Traiga a oradores para ayudarle a usted y a otros a saber cómo hablar con mayor sensibilidad, eliminando frases o palabras hirientes.

3. Cree grupos pequeños que se identifiquen ser parte de la comunidad LGBTQIA+ y que sean liderados por facilitadores que no les juzguen.

4. Incluya a personas LGBTQIA+ en su equipo de cuidado y en otras oportunidades de liderazgo en su iglesia.

5. Prepárese a brindar a los feligreses el amor y la gracia de Dios. Si han sido rechazados por sus familias de origen, asegúreles que la familia de la iglesia está ahí para ellos.

6. Invítelos a visitar a alguien en la iglesia, que haya pasado por su propio proceso de «salir del clóset», quien pueda ayudarlos nombrar sus miedos y ansiedades.

7. Sepa cuáles consejeros en su comunidad podrían brindarle cuidados de apoyo.

8. Si una persona muestra señales de hacerse daño, asegúrese de ofrecer los próximos pasos inmediatos a través de la consejería o profesionales médicos.

9. Asigne un/una MCC, quien vele por estas personas regularmente, siempre que sea necesario.

10. Tenga a la mano libros alentadores sobre el tema.

Palabras de aliento por Karen

Cuando fui nombrada por primera vez a la Iglesia Metodista Unida de la Resurrección en 2003, nuestro hijo, Paul, apenas comenzaba su último año en la escuela superior. En septiembre salió del clóset ante sus compañeros de clase y sus hermanas. Días después, salió del clóset ante mi esposo y yo. Esta información fue alarmante y temimos por el bienestar de Paul.

¿Cómo sería aceptado a lo largo de su vida? ¿Sería perseguido y burlado? Hicimos nuestro mejor esfuerzo para ofrecerle apoyo a través de la consejería, así como orientación a través de otros pastores en nuestra área. Paul recibió con buena actitud todo lo que pudimos ofrecerle. Realmente, creo que la aceptación de la iglesia en este sentido ayudó inmensamente a Paul, según pasaba por el proceso de tener paz consigo mismo a lo largo de los años.

Lo que sé de esto es que, aunque no todos estemos de acuerdo con a la inclusión total de la comunidad LGBTQIA+ en la iglesia, este es un asunto de vida o muerte. Mis oraciones por nuestro mayor crecimiento como gente de fe es que seamos una iglesia pertinente, sin miedo y sin prejuicios para ofrecer el amor y la gracia de Dios.

Algunas sesiones son difíciles

Algunas sesiones ofrecen desafíos sorprendentes. Las personas pueden sentirse frustradas o comenzar a indagar en cosas que son hirientes o aterradoras cuando las recuerdan. Haga su mejor esfuerzo para continuar siendo una presencia que sabe escuchar, pero no permita que sus emociones le lleven hacia un drama adicional. Un pastor/una pastora o un/una MCC con experiencia se da cuenta de que la mayoría de las personas ni siquiera son conscientes de los mecanismos que utilizan para sobrellevar una situación. Muchas veces, he visto a personas pasar de estar tranquilas a llorar y a enojarse en cuestión de segundos. Es como si desde niños aprendieran que así es como se salen con la suya, u obtienen ventaja sobre los demás al expresar sus puntos. Esté alerta a cualquier patrón de manipulación. Ayude a las personas a crecer al mostrarles otras formas para comunicarse.

Esté alerta

Esté siempre alerta a los peligros de adentrarse en aguas más profundas, donde no tiene el nivel de habilidad para ser útil. (Información más detallada y capacitación se incluyen en el capítulo 14: «El ministerio de la Salud Mental»). Tres puntos rápidos para recordar:

- o Busque asesoramiento psicológico para la persona cuando vea que es necesario.

- o Ha habido ocasiones durante citas en mi oficina cuando una persona ha tenido tendencias suicidas, obligándome a tomar acciones inmediatas, con la ayuda de la familia de la persona u otros profesionales de la comunidad/iglesia.

- o Mantenga una lista de números de teléfono de lugares y personas de su comunidad, que brindan ayuda para la salud mental y la prevención del suicidio.

- o Si siente peligro de que la persona se autolesione o haga daño a otros, no dude en llamar al 911. Ha habido ocasiones en las que he estado en el teléfono con alguien que quería suicidarse, y he tenido a otra persona que llame al 911.

Capítulo Nueve

La congregación puede sentirse frustrada con usted, pero también apreciará que estaba tratando de hacer todo lo posible para ayudar, particularmente cuando pudo haber significado una situación de vida o muerte. Una vez más, recuerde que hay requisitos legales para reportar la información a las autoridades pertinentes.

Un contrato para la seguridad y el autocuidado es una buena herramienta para estas situaciones difíciles (ver el «Apéndice E: Contrato para la seguridad y la autoayuda»). Este formulario puede ser útil para agregar responsabilidad o para reducir la velocidad, o interrumpir las respuestas emocionales. Cuando ambos firman este documento, un curso de acción se vuelve real. Su firma también es una señal tangible para el/la miembro de la congregación de que usted se preocupa por su bienestar.

Ofrezca consuelo

Las Escrituras nos dicen: «¡Consuelen, consuelen a mi pueblo! —dice su Dios—» (Isaías 40:1, NVI). Ofrezca siempre un siguiente paso para quienes vienen a recibir su cuidado, incluso, si solo los ve en el culto de la próxima semana. Han venido a usted, derramaron su historia ante usted, y le ofrecieron una parte de sus vidas, que quizás nadie más haya escuchado. Está usted actuando en nombre de Cristo y de la iglesia. ¿Qué haría Cristo por estas ovejas? Una herramienta que puede compartir es una simple oración que incluya:

A. *Reconocer* cómo se está sintiendo, sin juzgar.

B. *Ser consciente* de su respiración. Inhalar la paz, exhalar su dolor.

C. *Elegir* llenarse de amor, luz, gracia, paz y alegría.

La evaluación de su comunidad

Una forma clave de prepararse para situaciones difíciles, es practicar posibles situaciones a las que brindará el cuidado, haciendo uso de los estudios de casos con su equipo. Tómese el tiempo, junto con su equipo, para dramatizar los estudios de casos, provistos en el «Apéndice I: Cuatro estudios de casos», y luego contesten las siguientes preguntas:

o ¿A quién considera que sabe escuchar? ¿Por qué?

o ¿Cuál es su rutina de oración antes, durante y después de la reunión con una persona que busca recibir su cuidado?

o Usando las guías para saber escuchar, mencionadas en este capítulo, evalúe su destreza para saber escuchar.

- ¿Qué está funcionando bien?
- ¿Qué necesita mejorar?

Capítulo Diez
La visitación

¿Está afligido alguno entre ustedes? Que ore.

–Santiago 5:13, NVI

La visita al hospital es uno de los elementos más importantes del cuidado que se puede ofrecer a través de la iglesia. Como pastor/pastora o MCC, usted sirve con ojos hábiles y un corazón intuitivo, al entender las múltiples dimensiones del ser humano que están íntimamente entrelazadas. Cuando el cuerpo está dolido, el bienestar espiritual y psicológico también pueden verse afectados. Sea sensible a las implicaciones del cambio físico o el dolor. Es un ministerio complejo y debe estar bañado con la oración. También es importante tener en cuenta, por adelantado, la necesidad de cuidar a la familia de la persona enferma. Cuando una persona está enferma, la familia y los amigos también pueden necesitar ser cuidados.

La información provista este capítulo ayudará al/a la paciente a saber que usted y la iglesia van a caminar junto a él/ella durante su hospitalización.

Si alguna vez ha estado hospitalizado o ha tenido una cirugía, comprenderá que este es un momento sagrado para las personas y sus familias. A usted se le permite ver y estar con las personas en sus momentos vulnerables. Esto es precioso. La visita al hospital es un ministerio complejo y debe estar bañado en oración.

Cómo funcionan las visitas al hospital

Dada a la complejidad de las demandas sobre el pastor/la pastora o el personal pastoral, el cuidado se puede lograr mejor a través del trabajo de un equipo. Al igual que las áreas específicas de cuidado que observa un equipo médico, es importante educar a la congregación y al equipo de cuidado en seguir líneas claras al brindar el cuidado mientras se aplican las mejores prácticas.

Cómo recopilar la información

- La congregación debe comunicarse con la iglesia para solicitar el cuidado de personas que están enfermas. Los tres métodos habituales son:
    - Llamar a la oficina de la iglesia;
    - Enviar tarjetas de petición de oración, que generalmente se reciben en los platos para la ofrenda, durante los cultos de adoración o electrónicamente, y
    - Contactar a través de un buscapersonas (*pager*), que se puede rotar entre el personal pastoral y los MCC.
- Todas las solicitudes del cuidado van a un lugar central o a una persona del personal, quien luego clasifica el recibo de las solicitudes y las despacha entre los cuidadores. El puesto de esta persona es extremadamente importante, ya sea miembro del personal o voluntario, por el volumen de cuidados que se necesita en cualquier iglesia.
- Comunique claramente a su congregación su responsabilidad de conseguir información a través de la iglesia. A su vez, la comunicación a la congregación se puede transmitir a través del púlpito,

boletín o correos electrónicos semanales de la iglesia. ¡No puede visitar a la persona enferma o herida si no la conoce!

o La persona que prioriza: clasifica y distribuye el orden las peticiones de cuidado –o mejor conocida como «persona de triaje –investiga la fecha, hora y lugar del hospital o de la cirugía, así como la relación del/de la paciente con la iglesia.

o La persona de triaje también recopila nombres e información de contacto para amigos y familiares y el motivo de ingreso (si el/la paciente quiere que se le dé esa información).

o Esta información se almacena electrónicamente y se escribe a mano en un calendario central. También se puede publicar en una pizarra o calendario que solo personal pastoral y los MCC tienen acceso.

Guías para las emergencias

o Si el paciente ha sido ingresado inesperadamente, se le debe visitar dentro de las veinticuatro horas de haber recibido la información.

o Si la solicitud es para el cuidado de emergencia, se notifica al pastor/a la pastora para que la visita puede ocurrir rápidamente.

o Si el pastor/la pastora no puede ir, se envía a un/una MCC clave según la ubicación del hospital. A quienes vivan o trabajen más cerca del hospital, se le pedirá que hagan la primera visita.

o Este procedimiento es para la rutina de lunes a viernes. No obstante, durante un fin de semana es importante brindarle a su congregación una forma en la que pueda tener acceso al cuidado. Los medios habituales son a través de un teléfono celular o *pager* que está listado públicamente, por ejemplo, en el boletín dominical.

o Recopile la información de contacto del/de la paciente y su familia o amigos.

Seguimiento luego de la primera visita

- o Documentar la visita, incluida la información recopilada sobre la enfermedad, quién estuvo presente y el cuidado brindado (si se practicó la unción, lectura de las Escrituras y oración).

- o Sugerir un plan de seguimiento para el cuidado brindado.

- o Entregar esta información a la persona de triaje, quien puede crear el plan de seguimiento para los cuidados brindados.

- o La pastora/el pastor siempre debe tener la información de cambios importantes en el cuidado y la condición del/de la paciente.

- o Hágale saber a la familia o al individuo cuáles serán los siguientes pasos en los cuidados a ser brindados.

Guías para dar el cuidado en situaciones especiales

- o Si el/la paciente es un niño/una niña, entonces, un voluntario o personal pastoral hace el contacto. El pastor/la pastora establece un estándar personal de visitas, por lo menos, dos veces a la semana.

- o Si el paciente está en cuidados intensivos o en estado crítico, el pastor/la pastora o el/la MCC visita todos los días.

- o Si la muerte es inminente, el pastor/la pastora visita y evalúa la situación para determinar el cuidado a ser brindado.

- o Si el/la paciente tiene una enfermedad prolongada, el/la MCC brinda seguimiento al cuidado, según lo asigne el pastor/la pastora.

- o Si el/la paciente se está muriendo o ha muerto, esta es una situación de suma preocupación y urgencia. Cuando ocurre la muerte, el pastor/la pastora debe ser notificado/notificada lo antes posible, y luego ir inmediatamente donde está la familia. Si la oficina de la iglesia es notificada por una llamada de buscapersonas (*pager*), el pastor/la pastora de turno o un/una MCC debe *ir inmediatamente* para estar con la familia.

Capítulo Diez

Protocolo para las llamadas al hospital

o   Comience con lo básico. Aprenda dónde estacionar su carro en el(los) hospital(es) de su comunidad.

o   Vístase apropiadamente. Use ropa lavable para ir al hospital. Manténgase a salvo, y use la vestimenta adecuada, si es necesario.

o   Asegúrese de tener su kit de hospital con usted.

- Su Biblia (Siempre tengo una en mi carro.)

- Aceite para ungir

- Tarjetas de visita con su nombre, teléfono y correo electrónico

- Pequeña provisión de regalos apropiados

  • Chales/mantas/cobijas de oración

  • Mantas/cobijas para poner en la falda [Algunas iglesias tienen ministerios de mantas de oración, las cuales son tejidas o confeccionadas por sus miembros y luego oran por las personas que vayan a usarlas.]

  • Biblia pequeña con versículos especiales marcados

  • Libro devocional pequeño

- Etiqueta/gafete con su nombre

  • Asegúrese de usar una etiqueta/gafete con su nombre, para que sus intenciones sean claras al personal del hospital, al paciente que usted visita y a sus familiares. La etiqueta con su nombre también puede ser útil si la familia o el personal no saben su nombre.

  • Si se planea una cirugía, llame el día anterior para verificar la información.

- o   Ore por su ministerio antes de llegar. Una buena regla general es llegar antes de la hora programada de visitas al paciente. Si espera demasiado tiempo, puede perder la oportunidad de orar con la persona y su familia.

- o   Regístrese en el mostrador de recepción o estación de enfermería, y solicite orar con el/la paciente. Es posible que deba esperar hasta que (y posiblemente la familia) sean llamados a la sala de espera preoperatoria.

- o   Cuando ingrese a la habitación, preséntese al/a la paciente y a la familia.

- o   Estar al tanto de las necesidades del personal del hospital.

- o   Leer las Escrituras, ungir y orar. (Ver Servicio para la unción a enfermos y sugerencias de las Escrituras al final de este capítulo). Probablemente sea mejor no usar el Salmo 23, a menos que se solicite o sea una situación de muerte cercana.

- o   Ofrezca a la familia la información de contacto adecuada para llamar, enviar mensajes de texto o actualizaciones del correo electrónico. Un seguimiento apropiado es esencial.

- o   Obtenga la información de contacto del/de la paciente y la familia, si es apropiado.

- o   Despídase y salga de la habitación.

- o   Ore fuera de la habitación.

Protocolo para las visitas al hospital a personas que no tienen cirugías

- o   Ore antes de entrar a la habitación.

- o   Identifique las Escrituras reconfortantes y apropiadas con anticipación.

- o   Use bata y guantes (provistos por el hospital), si es necesario. Tenga cuidado de no ponerse en riesgo de contaminarse.

Capítulo Diez

o Toque la puerta, antes de entrar. Diga: «Soy _____ de la iglesia. ¿Es ahora es un buen momento para que te/lo/la visite?».

- En caso afirmativo, acérquese y preséntese al/a la paciente y a los miembros de la familia.

- Si no, respete su privacidad y ore en silencio fuera de la habitación.

- Si la persona está dormida o no está por procedimientos o terapias, ore en silencio, y deje una nota diciendo que lo/la visitó.

o Explique su conexión con la iglesia.

o Si hay otras personas en la habitación, pregunte su relación con el/la paciente.

o Siéntese a la altura de los ojos del/de la paciente, pero no en la cama. Solicite permiso para sentarse en una silla, si hay una disponible. La gente se siente impotente en el hospital. Pedirles permiso los empodera y les asegura que usted es sensible a sus situaciones.

o Pregúntele cómo le va/se siente hoy.

- Si no sabe el motivo de la hospitalización, pregunte.

- Otras preguntas pueden incluir: ¿Cómo ha estado durmiendo? ¿Hay algo o alguien por quien le gustaría que oremos hoy? ¿Cómo han tomado su hospitalización sus amigos y familiares? ¿Cómo está tu alma?

- Si conoce a la persona desde hace un tiempo, puede ser reconfortante para ella/él recordar tiempos más normales que han compartido juntos.

- Hablar claramente, con calma y gentilmente.

- Hablar con el/la paciente, incluso, si está en coma. Él o ella puede oír lo que le está diciendo.

- Está bien tocar a los pacientes de manera apropiada y suave.

o Escuche la historia de la persona. Haga preguntas abiertas (que no sean respondidas por un sí o un no) que se relacionen a las necesidades de la persona.

o No cuente su historia personal de sufrimiento, ni hable de otra persona que tenga la misma enfermedad, operación o lesión.

o Ayude al/a la paciente a recordar su fe y que Dios lo/la ama y está con él o ella.

- Puede que le sorprenda saber que muchos pacientes sienten que Dios los ha abandonado o los está castigando por alguna mala acción.

- Recuerde al/a la paciente la esperanza y la sanidad que Dios quiere para él o ella y de la constante preocupación de Dios por su bienestar.

o *Mantenga breve su visita*; respete la privacidad y la necesidad de descanso del/de la paciente.

o Dígale al paciente que le gustaría orar por él o ella. Pregunte: «¿Cómo te gustaría que ore por ti?» Permita que la persona explique.

o Leer un pasaje de las Escrituras es apropiado.

o Pregúntele al/a la paciente si puede ungirlo/ungirla antes de orar, si esto no se ha hecho en visitas anteriores. Recuérdeles a los presentes que las Escrituras nos dicen que unjamos mientras oramos por sanidad. Santiago 5:14 dice: «¿Está enfermo alguno de ustedes? Haga llamar a los ancianos de la iglesia para que oren por él y lo unjan con aceite en el nombre del Señor (NVI)».

o Concluya su visita con una oración de seguridad, fortaleza y sanidad.

o Agradezca al/a la paciente por permitir su visita y hágale saber cuándo esperar la próxima visita.

o Entregue al/a la paciente o a la familia su tarjeta de presentación. Hágales saber que pueden llamar a la iglesia si se necesitan algún otro cuidado.

- o Informar al/a la paciente y a la familia cuándo pueden esperar otra visita de la iglesia y quién podría venir.

Otras consideraciones

- o Si en la habitación hay un/una paciente en la otra cama, respete su privacidad y necesidad de descanso. Mantenga su voz baja.

- o No ayude con los traslados desde o hacia la cama. Consiga ayuda.

- o Familiarícese con la terminología hospitalaria.

- o No haga visitas si usted está enfermo/enferma.

- o Tenga cuidado de no regar gérmenes en su visita. Lave sus manos entre cada visita. Al entrar en una habitación, use desinfectante con alcohol, si está disponible. Use una mascarilla/cubrebocas cuando sea apropiado.

- o Planifique cuidadosamente el orden de sus visitas. Si alguien tiene una enfermedad contagiosa, no lo/la visite antes de ver a otra persona que haya sido intervenida quirúrgicamente.

- o Recuerde que sus zapatos también pueden transportar gérmenes de una habitación a otra.

El cuidado para personas en estado de fragilidad

La fragilidad es un viaje de cambios espirituales, físicos, sociales, cognitivos, sensoriales o desafíos en la movilidad, que pueden combinarse de muchas maneras diferentes para causar la pérdida de fuerza y disminución de la actividad.

- o Puede comenzar por causa de una caída.

- o Puede suceder lentamente.

- o No hay dos personas que sigan el mismo camino.

Cuidar de las personas en estado de fragilidad es un regalo de su tiempo y presencia para personas que no pueden asistir a la iglesia. Les recuerda que la gente los recuerda y se preocupan por ellos. Permita a las personas en estado de fragilidad seguir creciendo en la fe en esta etapa de sus vidas.

Niveles de cuidado

o Vida independiente: Las personas son razonablemente capaces de cumplir con las actividades de la vida diaria (comer, moverse, ir al baño, bañarse y vestirse).

o Vida asistida: Las personas necesitan más ayuda con las actividades de la vida diaria. Pueden tener demencia o estar confundidas.

o Enfermería especializada: Las personas tienen una gran necesidad de ayuda.

o Algunas personas pueden quedarse en casa de manera segura.

o Algunas personas necesitan estar en un centro/hogar mejor equipado para ayudarlas con sus necesidades.

o Algunas personas caerán en las primeras tres categorías en diferentes momentos de sus vidas.

¿Quién provee cuidado a las personas en estado de fragilidad?

o El pastor/la pastora brinda cuidado regularmente para desarrollar una relación que facilite dar el cuidado continuo. Sin embargo, sería poco realista para el pastor/la pastora hacer todas las visitas.

o El laicado o los MCC, quienes tienen dones espirituales de compasión y misericordia puede brindar ese cuidado. Servir de esta manera, bendice tanto a quien provee el cuidado, como a las personas en estado de fragilidad que lo reciben.

o Una mejor práctica es brindar continuidad del cuidado al tener el mismo/la misma MCC que visite a la persona necesitada. De esa manera, el congregante y su familia comenzarán a relacionarse con el/la MCC. Es también una buena práctica que el mismo equipo de voluntarios visite las mismas instalaciones para que puedan conocer a su respectivo personal.

¿Con cuánta frecuencia?

Establezca un horario con expectativas realistas sobre la frecuencia de las visitas. Las visitas pueden ser mensuales o semanales, según lo ameriten las circunstancias. Sin embargo, deben ser continuas, constantes y confiables. Sea flexible si la salud de la persona se deteriora. Entre visitas, haga llamadas telefónicas, envíe correos electrónicos (si eso es aceptable para el/la congregante) o escríbales una nota/tarjeta.

Los límites

Cuando visite a una persona en estado de fragilidad, observe los límites básicos enumerados en el capítulo 9, mientras hace un equilibrio entre la gracia y la disciplina. A continuación, le damos unas guías a seguir cuando se visita a una persona en estado de fragilidad.

Visitas a casas de salud y de vida asistida

o Informe al personal de enfermería que usted está de visita y cuándo finaliza la misma, particularmente, si el/la congregante está en una habitación privada o no tiene un compañero/compañera de cuarto.

o Trate de reunirse en áreas comunes o mantenga abierta la puerta de la habitación. Actualice en sus récords si la persona si se muda a otra habitación o instalación.

o Limite su visita a cinco minutos en una casa de salud, y a diez minutos en una instalación de vida asistida.

Visitas a hogares

o Avise a otra persona cuándo realizará la visita. Es posible que necesite visitar en equipos debido a la total privacidad del hogar.

o Los hombres visitan a los hombres; las mujeres, a las mujeres.

Tocar/abrazar

o El contacto físico apropiado incluye sostener una mano o tocar suavemente el antebrazo, hombro o espalda. Esto puede ser una bendición y demostrar a la persona que ella/él es importante para usted.

o Tocar o abrazar debe hacerse con cuidado y respeto. Siempre pida permiso.

o Sea consciente de cualquier necesidad de distanciamiento físico.

Otras guías de comunicación con la gente en estado de fragilidad

Antes de entrar en la habitación, ore para que el Señor guíe sus palabras y aumente su receptividad. Ore para que sus palabras sean entendidas, y que la persona sea bendecida por su visita. Haga una pausa, y evalúe el nivel de cuidado. ¿Está caminando sin ayuda? ¿Está usando un andador? ¿Está en silla de ruedas?

Cómo ser vistos y oídos

o Acérquese y párese siempre frente a la persona.

o Esté al mismo nivel de los ojos (sentado o de pie) que la persona. Arrodíllese o siéntese en una silla junto a él/ella.

Capítulo Diez

o Hable y muévase lentamente.

o Hágale saber quién es usted, incluso, si la/lo ha visitado antes.

- Use etiqueta/gafete con su nombre.
- Escuche, escuche, escuche.
- No tenga prisa.
- No deje de prestar atención a la persona, si cuando ella/él habla sus palabras no tienen sentido.
- No hable por la persona, no la interrumpa, ni hable de la persona como si él/ella no estuviera presente.

Comunicación con una persona en estado de confusión

o Si la persona está desorientada en tiempo y lugar y no está en la misma realidad que usted, vaya donde está él/ella. Por ejemplo, la persona puede hablar de un bebé durmiendo en la habitación del lado.

o Entre en el mundo de la persona y compártalo.

o No discuta; ¡es poco probable que usted gane!

o Redirija la conversación haciendo preguntas que utilicen imágenes, olores o sonidos específicos. Por ejemplo, pregunte: «¿Horneaba pan su mamá?».

o Pregunte sobre cosas que la persona recuerda.

o Hable en oraciones simples, que expresen una idea o tema a la vez.

o Si la persona se agita, termine la conversación con una oración y regrese a visitarla al otro día.

Desarrollo de una relación con una persona en estado de fragilidad

o Trate de ayudar a la persona a revisar su vida. Anote las historias que le cuente.

o Haga el Padrenuestro y una oración para recibir el perdón.

o Use las Escrituras familiares para la persona.

o Ofrezca la unción y la Comunión.

- Si la persona tiene problemas para tragar, rompa la oblea en cuartos y sumérjalos en el jugo.

- Si la persona tiene demencia, sostenga los elementos al nivel de su vista, y pregúntele si le gustaría recibir la Comunión.

o Traiga consigo copias de los sermones o el boletín de la iglesia, devocionales impresos en letra grande, los elementos de la Comunión y aceite de unción.

o Deje una nota para la familia o llámelos para que sepan que usted visitó al miembro de su familia. Pida a la familia que se comunique con usted si la situación de la persona cambios e incluya su información de contacto en la nota. Incluya la fecha de su próxima visita.

EJERCICIO DE PRÁCTICA: JUEGO DE ROLES AL VISITAR AL ALGUIEN EN ESTADO DE FRAGILIDAD

Trabaje en tríos para hacer un juego de roles sobre la visita a alguien que está en estado de fragilidad en una casa de salud u hogar. Una persona caracteriza a quien está en un estado de fragilidad; otra persona, a quien está brindando el cuidado, y la tercera, es el observador/la observadora.

Capítulo Diez

Al usar las guías para visitar a personas en estado de fragilidad, hacer una dramatización, de tres minutos, en el que el cuidador/ la cuidadora se comunica con el/la residente de la casa de salud, quien está en una silla de ruedas y tiene problemas auditivos.

- ¿Qué hizo el cuidador/la cuidadora antes de visitar a la personal?
- ¿Cómo se acercó el cuidador/la cuidadora al la persona?
- ¿Cómo reaccionó el cuidador/la cuidadora al la persona estar en una realidad diferente o en estado de desorientación?
- ¿Cómo le habló el cuidador/la cuidadora? ¿Cómo la persona reaccionó?
- ¿Cómo involucró el cuidador/la cuidadora al la persona en la conversación?
- ¿Qué hizo el cuidador/la cuidadora antes de terminar la visita?
- Si hay tiempo, cambie los roles y repita el ejercicio de dramatización/juego de roles.

Elementos y situaciones especiales

La Comunión

La Comunión es un regalo increíble para quienes tienen una salud vulnerable. Como pastores, asegúrense de tener los elementos preparados y listos, para que sus MC los lleven en sus visitas. Algunos detalles para recordar sobre la Comunión incluyen:

o Tener jugo fresco y pan que haya sido consagrado por un pastor/una pastora.

o Preparar la mesa con mucho respeto.

o Puede comprar un juego pequeño para la Comunión para tales situaciones, o use jugo y obleas preenvasados.

o Coloque un pedazo de tela pequeño y limpio debajo de los elementos, a medida que los pone en la mesita de noche.

o Haga que el espacio, donde ponga los elementos del sacramento, sea sagrado.

o Si el/la paciente no puede ingerir los elementos, pida a la enfermera un hisopo bucal para frotar el jugo en la lengua. Rompa una pequeña pieza de pan, para que la personas tenga una probadita del mismo.

o Siempre asegúrese de haberse lavado las manos antes y después de servir la Comunión.

El bautismo

o Los pastores pueden querer conectarse con el capellán/la capellana del hospital, para obtener ayuda en conseguir los materiales necesarios en la instalación, donde se encuentre la persona. Por lo menos, lleve un tazón/recipiente pequeño para el agua.

o Tenga aceite de unción para ungir por la sanidad.

o Si quien se va a bautizar es un niño/una niña, que posiblemente no esté vivo/viva, prepárese para hacer las preguntas apropiadas a los padres/madres/tutores y familia. Esto no es lo usual: «¿Prometen criar a este niño/a esta niña en el cuerpo de Cristo?» Prepárese para decir algo como esto: «¿Prometen amar y criar a este niño/esta niña para que pueda comprender el amor de Dios a través de su cuidado?» (Le recordamos consultar con un capellán/una capellana del hospital sobre el lenguaje sensible al respecto).

o Si el niño/la niña vive, la familia lo criará en el cuerpo de Cristo. Si el niño/la niña muere, la familia se sentirá bien con su promesa de amar al niño/a la niña como lo haría cualquier padre devoto cristiano /madre devota cristiana/tutor devoto cristiano.

o La clave aquí es ser muy sensible y tener *la preparación adecuada*.

Solicitar ayuda

Muchos pastores y MCC se sienten como en casa y cómodos en un hospital u casa de salud/asilo. Si este no es su caso, es posible que deba encontrar maneras de superar sus miedos y aversiones. Lo/la animo a seguir intentándolo, ya que realmente creo que este es uno de los lugares más sagrados para un pastor/una pastora o voluntario/voluntaria. Los asuntos de vida y muerte son comunes. Un ministerio increíble es posible desarrollarse en estos entornos.

o Téngase paciencia.

o Por lo general, notará que con el tiempo las imágenes, los sonidos, los olores, los pasillos y las habitaciones se vuelven más familiares y, por lo tanto, pierden el efecto de causarle miedo.

o Si una situación es crítica, y debe ministrar al/a la paciente, a familiares y amigos en una sala de emergencia, lleve a un/una colega para que lo/la ayude, o comuníquese con anticipación con el capellán/la capellana del hospital (si está disponible).

o A medida que practique este ministerio en una región geográfica específica, conocerá a los capellanes del hospital, quienes le pueden ayudar a entender la situación que está a punto de enfrentar.

o Muchos hospitales también tienen lugares especiales para hablar en privado con los miembros de la familia, y algunos tienen capillas que están abiertas para la oración e incluso, servicios de adoración.

Historia de redención #6: Lisa, 1ª parte

La información sobre la enfermedad de Lisa se recibió un domingo. Lisa es una mujer de mediana edad, esposa y madre de tres hijos adolescentes. El día antes, Lisa experimentó una convulsión y perdió el conocimiento. Cuando Lisa, quien también era una enfermera practicante pediátrica, volvió en sí, rápidamente se dio cuenta de que necesitaba ayuda. Fue hospitalizada y una resonancia magnética mostró resultados aterradores: un tumor cerebral conocido como glioblastoma.

Esto fue todo lo que supe cuando entré en la habitación del hospital llena de su familia. Recuerdo haber conocido a su madre y padre, esposo, hermana y tres niños. Todos en la sala, intuimos la pregunta: «¿Qué sigue?».

En esa primera visita, Lisa parecía aliviada y contenta de ver a alguien de la iglesia, al igual que lo hicieron su madre y su padre. Para los demás, aunque me recibieron, vi miedo en sus ojos. Me dijeron que habría más pruebas en los próximos días para descubrir el tipo de cáncer. Esa tarde, leímos las Escrituras para ayudar a calmar la ansiedad (por ejemplo, 1ª de Pedro 5:7-11). Luego, ungí a Lisa y oré por su sanidad integral y alivio del dolor. ¿Cómo sucede la redención o restauración a través de tal situación?

Seguimiento al cuidado brindado

Comuníquese con la persona uno o dos días después de que ella/él haya llegado a la casa. Esto lo puede hacer a través de una llamada telefónica, mensaje de texto, correo electrónico o nota. Si ella/él está enfrentando una situación de salud desafiante a largo plazo, discuta con la persona cómo y cuándo le gustaría recibir el cuidado.

La documentación

Después de cada visita, el/la MCC, el voluntario/la voluntaria y el pastor/la pastora deben documentar de cualquier forma que haya sido creada para recopilar la información confidencial. Muchas iglesias prefieren usar una hoja de cálculo electrónica que las ayude a llevar un registro de la situación de salud de la persona y del cuidado brindado. Otras usarán cuadernos y un sistema alfabético de documentación. Algunos pueden guardar la información en la base de datos de su iglesia, a través de enlaces muy confidenciales que solo tienen acceso los pastores y los MCC. Cualesquiera que sean los medios disponibles, es importante enfatizar que la documentación le ayudará a recordar quién ha brindado el cuidado, cuáles Escrituras fueron leídas a la persona, quién estuvo presente en la visita, el estado del/de la paciente, etc.

Servicio de unción

En la tradición cristiana, la unción con aceite ofrece una oportunidad para la sanidad espiritual, afirmada por las Escrituras, en Santiago 5:13-15. Esta oración de fe dice: «¿Está afligido alguno entre ustedes? Que ore. ¿Está alguno de buen ánimo? Que cante alabanzas. ¿Está enfermo alguno de ustedes? Haga llamar a los ancianos de la iglesia para que oren por él y lo unjan con aceite en el nombre del Señor. La oración de fe sanará al enfermo y el Señor lo levantará. Y, si ha pecado, su pecado se le perdonará» (NVI).

Mil Voces para Celebrar, Himnario Metodista menciona: «Ungir la frente con el aceite es una señal de que se invoca el amor sanador de Dios. El aceite apunta más allá de sí y de quienes ungen a la acción del Espíritu Santo y la presencia del Cristo sanador, que es el Ungido de Dios».[1]

La unción da la oportunidad para la sanidad espiritual, que es una plenitud de cuerpo, mente y espíritu. La unción ofrece sanidad, en lugar de una cura. Ungir a las personas es un poderoso recordatorio de la presencia del Dios trino en su camino, al ofrecerles la paz de saber que no caminan solas. Si ellas están cerca del final de la vida, la unción las ayuda a completar su círculo de fe.

---

1. «Culto de Sanidad» *Mil Voces para Celebrar, Himnario Metodista* (Nashville, TN: Casa Metodista Unida de Publicaciones,1996), p. 57.

Cómo funciona

o Después de compartir ampliamente sobre el tema, dígale a la persona que le gustaría orar por él/ella.

o Pregunte: «¿Por qué situación o motivo le gustaría que yo ore?». Deje que él/ella le explique.

o Pregunte si puede ungirlo/ungirla antes de orar.

o La persona puede no estar familiarizada con la unción. Explique qué es la unción y lo que representa. Pregúntele si él o ella quiere experimentarla.

o Lea Santiago 5:13-15.

o Obtenga el permiso de la persona o de la familia que está presente en la habitación.

o Explíqueles que usted se pondrá aceite en el pulgar, y luego le hará la señal de la cruz en la frente.

o Recuérdeles que esto no se ofrece como una cura, sino como una invitación al Espíritu Santo a estar presente con ellos, ofreciéndoles plenitud en el amor de Cristo.

o Ponga aceite en su pulgar. Al hacer la señal de la cruz en la frente de la persona, diga: «Yo te/lo/la unjo con aceite en el nombre del Padre, del Hijo y del Espíritu Santo».

o Ore por la sanidad completa y la liberación de cualquier temor o ansiedad que pueda sentir la persona.

o Oren juntos el Padrenuestro.

Lea el Salmo 23, recordándoles que Dios camina con ellos a través de todos los valles, incluso, aquellos tan oscuros como la muerte. Sugerencia: inserte el nombre de la persona en lugar de los pronombres personales en primera persona del Salmo 23. Por ejemplo: «El Señor es el pastor de _____, nada le falta a _____; en verdes pastos

Capítulo Diez

hace descansar a _____. Junto a tranquilas aguas conduce a _____».

Escrituras sugeridas

- Salmo 19:14
- Salmo 23
- Salmo 34:4
- Salmo 106:1
- Salmo 145:18
- Proverbios 3:5-6
- Isaías 43:1-5
- Juan 14:1-6
- Romanos 12:12
- Romanos 8:26-27

- Romanos 8:38-39
- Efesios 3:20-21
- Filipenses 4:6-7
- Colosenses 4:2
- 1ª de Juan 5:14-15
- Santiago 1:5-6
- Hebreos 12:14-15
- 1ª de Pedro 5:6-10
- Apocalipsis 21:1-5

La evaluación a su comunidad

La preparación al hacer visitas es esencial. Con su grupo de mesa o grupo pequeño, discutan su protocolo para visitar a las personas que están en el hospital.

- ¿Qué canales de comunicación están disponibles para alertarles sobre la necesidad del cuidado que tiene una persona que está hospitalizada?

- ¿Cuál es su protocolo para visitar a una persona antes de la cirugía? ¿Después de la cirugía?

- ¿Cuál es su protocolo para visitar a una persona con una enfermedad infecciosa?

o Si hay muchos hospitales en sus comunidades, ¿cómo organizan las visitas?

o Si los hospitales en donde las personas que están recluidas quedan en diferentes comunidades, ¿cómo organizan las visitas?

o ¿Qué han aprendido unos de los otros, o de este capítulo, sobre hacer visitas al hospital?

Capítulo Once

Guiar a través de los valles de sombra

*Aunque ande en valle de sombra de muerte no temeré mal alguno,
porque tú estarás conmigo.*

—Salmo 23:4, RVA-2015

Solo una vez entierra a su mama. Dios no quiera que tenga que enterrar a un hijo/una hija. Sin embargo, cuando usted es pastor/pastora o MCC, guía a las personas muchas veces a través de estos eventos. Estoy convencida de que no hay mayor servicio que usted pueda dar a una familia que guiarlas a través de este valle de sombra. De hecho, creo que la muerte supera cualquier otro evento del ministerio pastoral. Es el mayor temor al que se enfrenta la mayoría de la gente. Sin embargo, es en el regalo de la vida, la muerte y la resurrección de Jesús que él venció a la muerte: «¿Dónde está, oh muerte, tu victoria? ¿Dónde está, oh muerte, tu aguijón?» (1ª a los Corintios 15:55, RVA-2015). Mientras guía a la gente a través de este valle, descubrirá que los momentos de redención pueden suceder de muchas maneras.

o A medida que la gente se reúne, las quejas pequeñas pueden desaparecer si proporciona buen liderazgo.

o De hecho, usted puede ayudar a las familias disfuncionales si están receptivas a su ayuda.

o He visto relaciones restauradas una y otra vez.

Cristo vino para hacer posible estos momentos de redención. Cuando ministra durante estos tiempos difíciles, ayuda a las personas a experimentar estos momentos por sí mismas como individuos y, a veces, como comunidad.

Comprometidos con la jornada

La muerte puede ser una espiral descendente con giros y vueltas. Su cuidado será continuo y constante, honrando y reuniendo a la persona donde él/ella se encuentre.

La muerte debe tener prioridad sobre cualquier otra situación ministerial o reunión que pueda estar haciendo usted. Esté físicamente presente con la familia; no solo haga una llamada telefónica. No suponga que una oración breve por teléfono será suficiente. Usted debe ir adónde se encuentre la persona. Usted representa la presencia de Cristo. No importa la edad o circunstancias del difunto, la familia siente una inmensa pérdida.

¿Qué pasa si usted es la última persona que visita para representar a Cristo y a la iglesia? Quienes están muriendo y su familia son bendecidos por la presencia de la iglesia, aun cuando no puedan comunicarse. La familia lo/la busca usted para que ore, lea las Escrituras de las promesas de Dios, y para que le diga palabras de consuelo. Los momentos sagrados alrededor de un cuerpo pueden ser especialmente importantes para la familia. Este es un momento en el que se afirma su esperanza en Cristo. Jesús debe aparecer en esta experiencia.

Durante un tiempo de pandemia o circunstancias extraordinarias, cuando usted no puede estar físicamente presente, no se llene de vergüenza o culpa, sino más bien entréguese a la gracia al extender el amor de Cristo a través del teléfono, o al medio de comunicación que tenga disponible. Los pastores y los MCC pueden llevar una carga pesada de esta manera, y durante tiempos difíciles debemos alentarnos unos a otros, y recordar que somos un equipo que puede ayudar a llevar la carga.

También es un paso importante capacitar a su congregación con lo que la iglesia ofrecerá durante el proceso de morir y eventualmente la muerte. Esto se puede hacer a través de clases o sermones. Luego, cuando una persona se acerque a la muerte encontrará consuelo en su comunicación, ya sea junto a la cama o por teléfono o correo electrónico. Este proceso les ayudará a liberar sus temores a la muerte.

Una larga jornada

Si el pronóstico es de un largo viaje hacia la muerte, cree un equipo de personas que puedan brindar el cuidado a la persona.

Cree una un calendario con los eventos importantes que tiene el/la paciente por delante. ¿Quimioterapia? ¿Con qué frecuencia? ¿Cirugía? Pregúntele a la persona si hay personas que le preocupan o tareas que necesita ser completadas. ¿Hay personas con quién el/la paciente necesita hacer las paces? ¿Existe un plan funerario? ¿Tiene la persona un documento sobre su última voluntad (el cual, por ejemplo, incluye el no proveerle medios para la resucitación y un poder notarial médico)?

A veces la gente no sabe cómo hacer estas preguntas. Otra herramienta que es útil para estas conversaciones es tener una «autobiografía espiritual» que les ayuda a pensar sobre sus planes funerarios, resolver cualquier asunto pendiente, y lo que considere sea su legado. Proveemos un ejemplo de tal documento en el «Apéndice F: Autobiografía espiritual».

Cuidados paliativos y de hospicio

Cuando un individuo o una familia se acerca al momento en que ya es claro que no se puede sostener la vida, ni hay ninguna intervención médica que puede proporcionar calidad de vida, él o ella, junto con los miembros de la familia, pueden hacer una elección intencional de recibir cuidados paliativos o de hospicio. Muchas personas temen, incluso, a la palabra *hospicio*, por lo que cambiar ese miedo por la gratitud puede ser una parte del ministerio pastoral. Un buen cuidado paliativo, y eventualmente, el cuidado de un hospicio proporcionará a la familia un viaje que es sagrado y útil para la muerte de la persona.

Muchas veces, el término «apoyo paliativo», es mucho más fácil de aceptar por la familia, porque supone que la atención médica aún está en curso. Por ejemplo, el soporte del oxígeno puede ser parte del cuidado. Algunas familias se preocupan de, incluso, decir la palabra *hospicio* cerca de la persona con una enfermedad terminal. La razón es que la familia no quiere que la persona piense que se han dado por vencidos y, por lo tanto, quieren acelerar su vida a la muerte. Los médicos y enfermeros, que trabajan con esta situación, pueden ser muy útiles mientras trabajan juntos para mitigar el miedo que está experimentando la familia. Los pastores de confianza y los MCC pueden ser muy útiles en este sentido, especialmente, si estas conversaciones comienzan antes del momento en que se realiza el cuidado necesario al final de la vida.

En algún momento, con suerte, la familia comenzará a comprender que el cuidado de hospicio puede ofrecer mayor ayuda, que puede incluir servicios como el bañar a la persona y los equipos médicos que pueden ser de gran ayuda para el cuidado diario del paciente. El proceso de muerte inminente puede llevar meses, por lo que es muy agotador para la familia. Algunas personas realmente abandonan el hospicio si se sienten mejor.

Una nota médica importante: la investigación ha demostrado, que forzar a comer a las personas en estado terminal les causa más dolor, ya que los órganos naturalmente tratan de colapsar y se ven obligados a trabajar. Este es un concepto importante para la gente entender, ya que sienten culpa si la persona no está comiendo. La familia puede decir algo como: «La estamos matando de hambre», cuando en realidad el ser querido experimentará menos dolor y tendrá un final más natural si no se les fuerza a comer.

Sin embargo, incluso las personas en el campo de la medicina pueden no estar preparadas para aceptar que se ha hecho todo a su alcance para mantener vivos sus seres queridos. Pueden agarrarse a cada posibilidad, aun cuando no sea en el mejor interés de sus seres queridos. Mientras su equipo de ministerio atiende a la familia, comuníquense entre ustedes

Capítulo Once

para comprender dónde se encuentra cada miembro de la familia en este proceso.

En el proceso de «morir activamente»

Para otros en cuidados paliativos, el tiempo es corto y se hace evidente la fase de la «muerte activa». Es importante que el pastor/la pastora y los voluntarios se comprometan con un plan para un chequeo diario durante el tiempo en que la persona está muriendo activamente.

Una vez que la persona está «muriendo activamente» puede llegar un momento en que él/ella ya no responda cuando se le habla. Suponga que la persona aún puede escuchar cada palabra, aunque es posible que no pueda responder o, incluso, abrir sus ojos. Con eso en mente, hable con la persona y la familia para que todos estén involucrados en la conversación.

Barbara Karnes, en su folleto *Gone from My Sight: The Dying Experience*, (bkbooks.com), da los síntomas que describen el término de estar «muriendo activamente» por un tiempo estimado hasta la muerte.

- o De uno a tres meses: el retiro de todo lo que no sea parte de la persona, incluyendo la comida. El sueño aumenta.

- o Una o dos semanas antes de la muerte: desorientación, duerme la mayor parte el tiempo.

- o Cambios físicos: la presión arterial, a menudo baja; cambios en la temperatura corporal; el color de la piel cambia, cambios en la respiración.

- o Uno o dos días u horas antes de la muerte: una oleada de aumento en la energía; inquietud; la respiración se vuelve más lenta e irregular; la congestión puede sonar fuerte; ojos abiertos, pero no ven; manos y pies adquieren un color purpúreo; no responde a ningún estímulo.

- o La separación se vuelve completa cuando se detiene la respiración. Karnes escribe: «Lo que parece ser el último aliento, a menudo, es seguido por una o dos respiraciones largas espaciadas, y luego, el cuerpo está vacío. El propietario ya no necesita un equipo pesado que no funciona. Ha entrado en una nueva ciudad, una nueva vida».

Asuntos pendientes

Pregunte a la familia si conocen algún asunto pendiente en el que pudiera ayudar a resolver a quien está muriendo.

o ¿Hay alguien de quien él/ella quisiera saber?

o ¿Hay alguna situación que pueda necesitar resolver?

Este asunto pendiente es una cuestión muy importante para la persona. Permita a la persona asegurarse de que las situaciones han sido resueltas lo mejor que se pudieron antes de su momento de morir. La gente espera que un ser querido venga al lado de su cama. Anhelan asegurarse de que todas sus relaciones estén en un buen lugar. Esto les permite sentir la «paz de Dios, que sobrepasa todo entendimiento» (Filipenses 4:7, RVA-2015). Esto es lo que podemos hacer como cuidadores espirituales de las personas que están por morir. ¿Habrá alguna vocación superior a esta?

Historia de redención #8: Brandon

Estaba ayudando a un joven y a su familia a superar su muerte. Brandon, de treinta y un años, se estaba muriendo a causa de melanoma. Su mamá y papá estaban vigilantes, al lado de la cama, todos los días. A medida que pasaban los días y, Brandon ya no era capaz de responder o, incluso, mantener los ojos abiertos, todavía parecía muy inquieto.

Le pregunté a la familia si había algo o alguien que pudiera ayudar a Brandon. Le pregunté más específicamente, si tenía algún asunto pendiente por resolver. Hablaron sobre cómo la exesposa de Brandon había estado enviando mensajes de texto con palabras de disculpa, pero no se lo habían dicho a Brandon. Les pregunté si pensaban que esto ayudaría a Brandon. Oraron durante la noche al respecto, y al día siguiente, leí los mensajes a Brandon. Ellos dijeron que esa acción parecía ofrecerle una sensación de paz, y podían ver que su inquietud se había calmado.

Capítulo Once

La preparación

La preparación es la clave para cuidar a las personas que están muriendo junto con sus familias. Su preparación ayudará a darles una mayor oportunidad de tener una asombrosa y sagrada experiencia de la muerte.

o Lograr la preparación de cada miembro de la familia puede llevar tiempo. Esté alerta dónde están emocional y espiritualmente.

o Prepárese para que otros MCC intervengan, si usted está ausente.

o Prepare a la familia para el evento de la muerte durante las visitas diarias.

o Prepárese para vivir plenamente este viaje con la familia.

o Gradualmente abren sus corazones y mentes a la paz que es posible en estos momentos.

o Interactuar tranquilamente con cualquier miembro de la familia que siente: resistencia, ira, negación y frustración o lo que no los haga avanzar en esta jornada.

o Recuérdeles la fe en la promesa de que esta muerte no es el final de la persona.

Historia de redención #9: Lisa, 2ª parte

Lisa usó el folleto *Caring Conversations* [Conversaciones al brindar el cuidado, solo en inglés] y el documento de la «Autobiografía espiritual», para ayudarla a hacerse cargo de las tareas que sabía que serían importantes. A veces, cuando se sentía deseos de hablar, teníamos largas conversaciones sobre sus hijos, su esposo, su hermana, sus padres y amigos de su carrera. Además, abordábamos asuntos teológicos difíciles. En mi visita a Lisa, ella me compartió sus preocupaciones acerca de Dios. Ella se preguntaba: «¿Por qué yo, Dios?».

Un día, Lisa llamó a mi oficina y me preguntó si podía ir a hablar conmigo. Era primavera y recuerdo estar sentada afuera en el patio interior de la hermosa casa de la familia. Lisa dijo que solo estaba enojada. Aunque Lisa era teológicamente inteligente, y sabía muy bien qué respuesta yo le daría, solo necesitaba pasar por el proceso de superar su ira. Ya había buscado respuestas en los libros que le había recomendado. Ella entendía que la vida no es justa y que nuestros cuerpos son frágiles. Ella había estado al lado de la cama de sus hijos que habían muerto. Ella tenía el conocimiento «racional» sobre la vida y la muerte. Sin embargo, no importa quienes seamos, tendremos nuestros momentos en que las preguntas nos martillean profundamente. Es en ese momento cuando necesitamos tener alguien que nos acompañe en el proceso.

La confusión, la ira y el dolor están permitidos sentirlos en esos momentos. Sin embargo, la persona no deber quedarse estancada ahí. Como pastores y cuidadores, luchamos con las preguntas y ayudamos a la gente a avanzar en sus vidas. Algunas personas se quedan atascadas en el «¿Por qué yo?», se encierran emocionalmente, y se vuelven completamente absortas en sí mismas; empujan lejos de ellas a sus amigos y familiares. Para estas personas, sus últimos días pueden volverse una fiesta de lástima.

Una hora sagrada particular, que nunca olvidaré con Lisa, fue cuando se acercaba al final de su viaje. Su hijo del medio, John, de repente se había vuelto reacio a acercarse a la cama de su madre. Me arrodillé junto a su cama, mientras ella me pedía que animara a John a entrar a verla. John estaba en la sala viendo la televisión. Todo lo que él necesitó fue una simple invitación: «¿Te gustaría acompañarme a leer algunas Escrituras y a orar con tu mamá?». Él se levantó en un salto, y dijo: «Claro». Mi corazonada era que él simplemente no sabía qué hacer al estar con ella a solas.

El niño de doce años se acurrucó con su mamá. Yo me arrodillé al lado de la cama y leí algunos versículos de las Escrituras, en la habitación poco iluminada. Oré por que la santa paz y el consuelo de Dios saturaran la habitación. Entonces, me despedí por el día y prometí llamar al día siguiente.

Este fue un momento redentor, un momento sagrado de restauración de la relación cercana de ambos. Lisa fue transferida a un hospicio cercano cuando su condición empeoró. Las visitas diarias eran parte de mi rutina. Un MCC también estaba ministrando a Lisa y a su familia. Sin embargo, estuve tres días fuera de la ciudad para una conferencia. A altas horas de la noche, recibí una llamada del esposo de Lisa. Dejó un mensaje de voz, y me di cuenta por el sonido de su voz que había llegado el final.

Llamé rápidamente y les dije que regresaría a primera hora en la mañana. Esto significó cambiar mi vuelo de línea aérea, pero, en ese momento sabía que la familia de Lisa contaba con que yo estaría con ellos y los guiaría a través del proceso. Durante esas horas, ellos necesitaban tener la seguridad de que la muerte no tenía la última palabra.

Sin embargo, no pude cambiar mi vuelo para estar al lado de la cama de Lisa. Habrá momentos en los que simplemente usted no podrá estar presente. La preparación también debe ser parte del viaje, ya que involucra a otro pastor/otra pastora o un/una MCC en la situación. Esto en caso de que usted no esté disponible de inmediato, cuando llega el momento de la muerte. Un pastor lo dijo así claramente: «Jesús debe estar presente». Y eso sucede mientras representamos las manos, los pies, la voz y la presencia del Señor vivo.

Cuando se acerca la hora

Cuando la familia notifica a la iglesia que la muerte puede ocurrir en ese día, vaya al lado de la cama de la persona que está por morir. Cuando llegue al hogar, hospital u hospicio, note lo siguiente:

- Cuando la muerte sea inminente, asegúrese de transmitirle a la familia una sensación de calma y seguridad sobre el resultado inminente.

- Haga que la familia y los amigos rodeen la cama.

- Comience con la idea de que este es un momento muy sagrado. La persona amada ha corrido la carrera, y las personas más importantes están reunidas alrededor.

- Hable como si esa persona estuviera escuchando cada palabra que usted dice, incluso si la persona parece que está en estado comatoso.

- A medida que la persona se acerca a la muerte, usted, la familia y los amigos reúnanse alrededor de la cama para crear un puente al cielo. Esta es la esencia del ministerio de cuidado cuando se acerca la muerte.

o Imagine cuando la hora está cerca para la persona que está muriendo.

o La persona que se acerca a la muerte puede unirse para decir una última palabra. Solo suponga que ella/él no quiere perderse nada de lo que usted está diciendo.

o Brinde la paz y la calma con su presencia. Con nuestro ministerio de presencia, así como con la guía espiritual bíblica, podemos ayudar a la persona a tener una increíble experiencia de Pascua.

o Una historia real de cómo usar las Escrituras y el lenguaje apropiado se proporciona en la siguiente historia:

Cheryl, de cuarenta y nueve años, había estado luchando, durante seis semanas, contra una aneurisma aórtica, que no pudo ser reparada quirúrgicamente. Teníamos MCC y pastores que la visitaban regularmente durante este tiempo desafiante. Su marido y sus tres hijos adultos jóvenes estaban atentos a la situación, al igual que su hermana y su padre. La madre de Cheryl había muerto un año antes, también por causa de una aneurisma aórtica. Finalmente, su familia tomó la decisión de quitarle el soporte vital. Ellos me llamaron un sábado, por la mañana, y me preguntaron si yo (Karen) vendría a ayudarlos, aunque fuera por esta vez.

Cuando llegué al hospital, el personal médico se estaba preparando para sacarla del ventilador. En ese momento invité a la familia y amigos a una habitación, donde pudiéramos prepararnos para ese momento.

Con todos en la sala, comencé a hablar sobre cómo Cheryl estaba a punto de «nacer en el cielo». Lo importante en ese momento era ayudarlos a superar su miedo a la muerte, mientras se apoyaban en las promesas de las Escrituras sobre tener un cuerpo espiritual. Para este propósito, en situaciones como esta, uso las porciones bíblicas: 2ª a los Corintios 4:7-18 y 5:1-7 (hago énfasis en los versículos 4:8-10, 16-18; 5:1-7a).

Después de leer sobre nuestros cuerpos celestiales, expliqué a la familia que una vez que se apagara el soporte vital, Cheryl, probablemente,

Capítulo Once

viviría unos minutos, y tendríamos la oportunidad de decirle palabras de seguridad. Invité a cada uno de los hijos a preparar algo sencillo para decirle a su mamá para ayudarla a volar a Jesús. La mayoría de las veces, menciono el ser «parteras», ya que ella nacerá en el cielo. Al nosotros estar presentes, somos las parteras. Este lenguaje le da a la gente un propósito y, nuevamente, les ayuda a absorber el mensaje de nacer en un cuerpo espiritual.

Cuando terminamos nuestro tiempo en la sala de espera, oré por «fortaleza y seguridad para cada uno de ellos», y para que Cheryl experimentara la «paz sin dolor». Luego entramos en la habitación de Cheryl, donde rodeamos su cama.

En ese momento, suponiendo que pudiera escuchar cada palabra, aunque su cuerpo estaba muy quieto, comencé a hablar con Cheryl. Le dije quiénes estaban alrededor de su cama, y que cada uno de ellos quería hablar con ella para que pudiera escuchar sus voces. Uno por uno, comenzando con su esposo, mencionaron palabras de amor y gratitud.

Cuando terminamos ese tiempo especial, le dije a Cheryl que íbamos a tener algunas palabras de las Escrituras, que nos hablan de la vida eterna mientras ella se preparaba para nacer en el cielo.

La primera Escritura fue Apocalipsis 21:1-5 («un cielo nuevo y una tierra nueva»), que habla de Dios haciendo nuevas todas las cosas. Un lugar donde «ya no habrá más llanto, ni clamor, ni dolor» (v. 4). Usted puede alentar a quienes están muriendo a ser conscientes de que pueden empezar a ver a personas que se han ido delante de ellos, en sus cuerpos espirituales. En el caso de Cheryl, su madre fue recordada por uno de los miembros de la familia. Para el/la MCC o el pastor/la pastora es importante dar seguridad de que hay más allá de este mundo.

La segunda Escritura útil es de 1ª a los Corintios 15:44, 50-57 (NVI), que explica que «no todos moriremos, pero todos seremos transformados» (v. 51) y que el cuerpo «corruptible tiene que revestirse de lo incorruptible» (v. 53, NRSV). Le expliqué a Cheryl que debido a que su cuerpo físico ya no le estaba sirviendo, Dios le iba a dar un nuevo cuerpo, y lo comparé con quitarse un abrigo viejo y ponerse una vestimenta nueva, perfecta y sin dolor.

En la tercera Escritura, le expliqué a Cheryl –en realidad a sus hijos y esposo– el comenzar a visualizar cómo sería el cielo a través de las palabras de Jesús en el evangelio de Juan 14:1-6a, 18-19, 27-28 (NVI). Le pregunté a la familia sobre qué visualizaban como un lugar perfecto para Cheryl. Ellos rieron, y dijeron que, seguramente, tendría que haber una pelota de béisbol del equipo de los Royals.

Antes de leer los versículos 18-19 (NVI), les pregunté si creían en los ángeles, o que su madre estaría con ellos de alguna manera. Luego leí: «No los dejaré huérfanos; volveré a ustedes. Dentro de poco el mundo ya no me verá más, pero ustedes sí me verán. Y porque yo vivo, también ustedes vivirán». Entonces, rápidamente leí los versículos sobre «la paz les dejo; mi paz les doy». De todas las Escrituras del evangelio, creo que estas son sumamente importantes para brindar paz en una muerte.

La lectura de Romanos 8:38 (NIV), como la Escritura final, ayuda a tranquilizar a la familia que «¡Nada podrá separarnos del amor que Dios nos ha mostrado en Cristo Jesús nuestro Señor!». Al leer este pasaje de las Escrituras, alenté a la familia de Cheryl a ir a los lugares que ella amaba y que hablaban, a menudo, de cómo era ella. Les aseguré que si le hablaban (aunque no la vieran), les ayudarían a recordar algún consejo sabio que ella les hubiese dado antes: «Escucharla en sus corazones y en sus mentes».

Por último, le expliqué a la familia que iba a ungir a Cheryl, para prepárala para su nuevo nacimiento. Como yo estaba parada al pie de la cama, ungí primero sus pies y agradecí a Dios por todas las formas en que Cheryl los había usado para vivir plenamente y estar maravillosamente presente, cada vez que su familia la necesitaba. Luego ungí sus manos, y agradecí a Dios por todas las formas en que había cuidado de su familia, y cité todos los pasteles de cumpleaños que había horneado con tanto amor. Por último, ungí su cabeza con gratitud por su comprensión y la capacidad de vivir plenamente en este mundo.

En ese momento, invité a todos los que estaban junto a la cama, a acercarse y poner una mano sobre Cheryl, para que pudiéramos estar unidos en una oración. Entonces, los conduje en una oración que decía algo así: «Oh Dios misericordioso y eterno, estamos muy agradecidos por Cheryl, y todo lo que hizo para servirte a ti, a su familia y a su comuni-

Capítulo Once

dad en esta vida. Te pedimos que estés con ella en este momento, y en tu tiempo perfecto, permítele entrar a su nuevo cuerpo espiritual. Bendice a su familia con la seguridad, que da el mensaje del evangelio, sobre la vida eterna. Oramos todos esto, en el nombre de tu hijo, Jesucristo, que aún nos enseña a cómo orar…» [luego usted puede orar el Padrenuestro o el Salmo 23]. Si la persona todavía respira, puede terminar el servicio junto a la cama con una canción o himno.

En unos minutos, Cheryl pasó a la eternidad. Todos estuvimos en vigilia por unos pocos minutos. En momentos como este, trato de discernir lo que necesita la familia. ¿Quieren unos minutos a solas con la difunta? ¿Necesitan salir de la habitación mientras usted se queda un rato a solas? Confíe en que Dios lo/la guiará en este momento a saber lo que sería mejor para los presentes. En la situación de Cheryl, los hijos y otros miembros de la familia comenzaron a irse de la habitación los demás miembros de la familia en los siguientes cinco minutos. Salí de la habitación poco después, dando al esposo unos minutos a solas con ella.

En este estudio de caso, la muerte ocurrió en el hospital, lo que significa que el personal médico se hizo cargo de inmediato, una vez que salimos de la habitación. Si la muerte ocurre en el hogar, es posible que deba ayudar a la familia con los pasos siguientes: llamar a una funeraria o al 911.

Una vez que la persona ha fallecido, puede haber preguntas sobre la cremación o el entierro del cuerpo. Una vez más, este es un tema delicado, y debe tomar en cuenta la demografía de su iglesia. Recientemente, un gran porcentaje de las personas ha planeado la cremación. Especialmente, en situaciones donde puede haber necesidades financieras, puede explicar que la cremación, generalmente, es menos costosa. Teológicamente, explico con el texto tradicional de «la cenizas a la cenizas, el polvo al polvo».[2] En este punto, la familia necesita saber qué esperar de usted y la iglesia, ya que se sienten impotentes. Dé a la familia su información de contacto, y hágales saber cuándo volverá a hablar con ellos. Esto les permite saber cómo usted va a caminar con ellos a través de la muerte del ser amado. La mayoría de las personas pasan por la muerte de un ser querido solo unas pocas

---

2. «Oficio de Sepultura», *Mil Voces para Celebrar, Himnario Metodista*, p. 53.

veces en sus vidas. Por eso, es importante que usted sea la iglesia para ellos durante estas horas más sagradas. El cuidado posterior es de vital importancia para la familia, y el ministerio esencial de los MCC.

Después de ocurrir la muerte

Si llega al hogar, hospital u hospicio después de que la persona ha fallecido:

o Ore.

o Sea una presencia tranquilizadora.

o La mejor respuesta es decir primero: «Lo siento mucho».

o Tómese el tiempo para evaluar las necesidades de las diversas personas presentes en la habitación.

o Invite al personal del hospital, hospicio o de cuidado a unirse al servicio. Ciertamente, tendrán sus momentos de duelo. Sentirán la pérdida como seguramente lo sentirá la familia, y este es un ministerio poderoso para ellos.

Si el cuerpo está presente

o Leer las Escrituras similares a las que se mencionaron en la historia de Cheryl es adecuado.

o Pregunte si puede ungir el cuerpo. La unción del cuerpo no debe causar miedo, ya que es bíblica, provee una santidad llena de la gracia, que disipa los miedos, y crea un servicio sagrado.

o Ore con acción de gracias por las formas en que esta persona sirvió con sus manos (ungir manos) o sus pies (ungir pies).

Capítulo Once

Antes de terminar este servicio de cuidado e irse del lugar

- o Espere hasta que llegue la morgue para que el cuerpo hable sobre cuáles serán los próximos pasos.

- o Haga un plan con la familia o amigos responsables.

- o Proporcione su información de contacto a la familia (tarjeta de presentación, correo electrónico y números de teléfono).

- o Recopile la información de contacto de la familia o amigos responsables.

- o Acuerde un momento en que usted o el pastor/la pastora pueda reunirse con la familia para planificar el culto de muerte y resurrección, si es necesario.

- o Antes de irse del lugar, siempre haga una oración, y exprese palabras de consuelo.

La planificación del funeral

La planificación de un culto de muerte y resurrección es uno de los servicios más importantes del cuidado que un pastor/una pastora puede hacer por una familia. Aunque la planificación del funeral, normalmente, está reservada para el pastor/la pastora, hay muchas oportunidades para los MCC apoyar en el cuidado a la familia. Por ejemplo, los voluntarios pueden proporcionar: comida, transporte, cuidado de niños, cuidado de mascotas, poner una mesa conmemorativa durante el tiempo de visitación, etc.

En preparación para tal reunión, anime a los miembros de la familia a estar presentes, para ayudar a planificar el culto.

- o Lleve su Biblia e himnario.

- o Identifique a un vocero, quien represente a la familia.

o Antes de entrar a la casa, respire hondo, y ore para centrarse en el momento.

o Al entrar, preséntese y pregunte los nombres de todos presentes y su relación con la persona fallecida.

o En este momento lo/la están esperando que usted se haga cargo y los ayude a superar esta situación incómoda, desconocida, «el valle de sombra». Exprésele a la familia que lo/la llena de honra y humildad ser parte de este tiempo sagrado con ellos.

o Explique que tiene tres propósitos en mente.

- Honrar a su ser querido.
- Cuidarlos.
- Planificar un culto de adoración de muerte y resurrección y agradecimiento a Dios.

o Una vez que haya establecido los propósitos, invítelos a orar. Si puede programar la reunión de esta manera, la familia comenzará a relajarse y a confiar en que usted sabe cómo guiarlos durante este tiempo. Le podría resultar útil preparar una hoja de trabajo, que la/lo ayude a recopilar la información necesaria para la planificación del culto. Esto incluye, pero no se limita, a lo siguiente:

o Hora y fecha

- ¿Viajará la familia?
- Consultar la disponibilidad del santuario, pastor/pastora, MCC u otro voluntario o músico clave.

o Funeraria, iglesia u otro lugar

o Acontecimientos significativos en la vida de la persona fallecida

o Importancia del difunto/difunta para los demás

o Adjetivos importantes que describen a la persona con historias sobre ella/él.

- Historia de fe del difunto

- Escrituras solicitadas (Prepárese con las Escrituras que crea podrían ser apropiadas).

- Música solicitada (Prepárese para ofrecer sugerencias musicales.)

- Puede mostrarles un boletín, como ejemplo, de un culto de muerte y resurrección que haya oficiado anteriormente.

- Logística

- Las preguntas importantes que deben hacer sobre la logística incluyen:

    - ¿Cuándo y dónde le gustaría a la familia tener el culto? Invítelos a usar su iglesia, aunque no sean miembros. Esta es una gran herramienta de evangelización.

    - ¿Qué funeraria eligieron?

    - ¿Cuántas personas se pueden esperar en el culto?

    - ¿Tiene alguien necesidades especiales (alguien usa una silla de ruedas, personas ciegas o con dificultades auditivas)?

    - ¿Quieren también un servicio/culto junto a la tumba?

    - ¿Quieren los miembros de la familia hablar junto a la tumba?

    - ¿Tienen otras peticiones especiales?

Muchas veces, a una familia le gustará tener dos o tres personas, además de hablar el pastor/la pastora. Yo les explico, al comenzar la conversación, mis propias experiencias al respecto. Les explico que con gusto anotaré todos sus comentarios (escritos o hablados) y los incorporaré al elogio funerario u homenaje póstumo. Les digo que tener otra persona que hable puede ser un error. Muchas veces, la gente se derrumba o dice algo que no es útil. Les recuerdo que las personas son vulnerables y el duelo puede tomar muchas formas.

Le digo a la familia que el mejor momento para permitir a hablar sobre la persona fallecida a todos los que lo deseen, es en una reunión después del culto. Compartir juntos, en un ambiente más relajado, puede ayudar a que el proceso de duelo comience su ruta hacia la sanidad. El intercambio de palabras puede ser un maravilloso momento de celebración.

Si la familia insiste en tener personas adicionales para hablar durante el culto:

- o Establezca un límite sobre cuántos pueden hablar; una buena regla general es no más de dos.

- o Acuerde la cantidad de tiempo que tendrá cada persona para hablar, por lo general, entre tres a cinco minutos cada persona.

- o Dígales que le gustaría reunirse con la(s) persona(s) seleccionada(s) para hablar en el culto, para evitar la repetición de historias, y revisar el orden del culto para asegúrese de que todo esté bien programado.

- o Pida a los oradores que preparen su discurso de solo una página, a espacio simple. La lectura debe tomar, aproximadamente, cinco minutos.

Días antes del culto

- o Planee llamar y ver cómo está la familia.

- o Los MCC o los voluntarios pueden ayudar con las llamadas, especialmente si han sido presentados en el círculo, o si estarán involucrados en el cuidado posterior de la familia. Si el/la MCC ha recorrido un viaje largo con la persona fallecida y la familia, se le puede pedir que participe en el culto, si se siente cómodo/cómoda haciéndolo.

- o Diseñe un culto que tenga oraciones, las Escrituras, música y un sermón, que bendigan a la familia, celebren la vida de la persona fallecida y honren a Dios.

- o Prepárese para dar una copia de su sermón o del pastor/de la pastora, si así se le solicita.

El programa del culto

Un buen programa del culto es un detalle que asegura a la familia y a los asistentes que su iglesia se preocupa por el servicio y, por extensión, que usted se preocupa por a ellos. Este detalle importante lo/la ayudará a cuidar a los asistentes. Probablemente, habrá personas en el culto que no asisten a la iglesia. Es una buena idea imprimir las lecturas de las Escrituras y cualquier liturgia en el programa. Esto permite que las personas se lleven el boletín a la casa para reflexionar más sobre lo acontecido.

- o Un buen programa, también permite detalles adicionales, como direcciones para llegar al cementerio, o una invitación a una comida después del culto.

- o Puede incluir poemas o tener el obituario impreso en la parte posterior del programa.

Preparar el sermón

Mientras prepara el sermón usted o el pastor/la pastora, tenga en cuenta que está elaborando un mensaje de vida, que no solo ayuda a las personas a celebrar y a sonreír, sino que también le da un propósito y sentido de la vida de la persona fallecida. Es posible que desee tener la foto de la persona frente a usted, mientras escribe el sermón. Esto le recordará que debe hacer todo lo que pueda para honrarla y ayudar a la familia. Según decida sobre las historias que hará referencia, recuerde lo siguiente:

- o Elija lecciones de vida.

- o Use adjetivos que ayuden a las personas a ver el panorama general.

- o Incluya la historia espiritual o de fe de la persona.

- o Ore y piense en el borrador del sermón, para que sus palabras traigan seguridad y profundicen en los asuntos teológicos.

- o Ayude a las personas a conectar con los eventos de la vida de la persona fallecida.

- o Describa una imagen del lugar que Dios ha creado para la persona fallecida (Juan 14).

En el evento de una muerte repentina

- o Ayude a la familia a recordar que Dios llora con ellos y que Dios, cuyo único hijo murió joven, ciertamente, conoce su dolor mejor que nadie (Romanos 8).

- o Si es necesario, recuérdeles que los accidentes ocurren y que uno/una no tiene la culpa.

- o En caso de suicidio, extienda misericordia y gracia, ya que todos están dolidos.

  - Recuerde a la familia cómo pueden pasar desapercibidas las enfermedades mentales o la depresión no tratados.
  - Enfatice que nadie tiene la culpa.
  - Enfatice el punto de que Dios tiene gran misericordia por las personas que han hecho esta elección, pero que esta no es la forma en que la vida debería terminar.
  - Cite un punto de su doctrina que sirva de apoyo.

Cuando tiene una congregación de adolescentes sin iglesia y personas han muerto por un accidente o suicidio, usted tiene una oportunidad increíble para hacer lo que la iglesia puede hacer mejor: ofrecer la seguridad de la vida eterna, y la oportunidad de vivir la vida en formas que honren a Dios y a quien ha muerto. Por difíciles que parezcan estas situaciones, anímese. Estos pueden ser algunos de los momentos más importantes que tendrá como persona de fe para marcar la diferencia. Si necesita ayuda para preparar un mensaje para una situación particular o difícil, busque mentores que puedan ayudarlo/la, o busque libros/materiales que puedan ofrecer orientación.

Capítulo Once

Comunicación con las funerarias

Trate de entablar una relación con el director/la directora de la funeraria, quien podrá informarle lo servicios que se ofrecen y los procedimientos. Por ejemplo, el director/la directora lo/la ayudará a determinar si debe ir con la familia al lado de la tumba, o conducir su propio automóvil. Es posible que el director/la directora de la funeraria también haya cobrado honorarios a la familia por sus servicios. Por lo general, la funeraria proporcionará:

o Ataúd o urna

o Parcela o espacio de nicho en el cementerio

o Flores

o Procesión al cementerio

o Tiempo de visita, que puede ser también en la iglesia.

o Obituario en el periódico local

o Libro de visitas

o Sobres para donaciones

El día del culto

o Llegue temprano. Los MCC pueden ser especialmente útiles en el arreglo del espacio.

o Asegúrese de que el santuario esté preparado para la familia.

o Tener un voluntario, un/una MCC u otro pastor/otra pastora presente para ayudar a cuidar a la familia.

o Si está realizando el culto en un lugar desconocido, aprenda el diseño del presbiterio, salas familiares, baños, etc.

- o Ore antes de saludar a la familia.

- o Salude a la familia cuando entren al lugar del culto.

- o Llevar a la familia al lugar donde puedan guardar sus pertenencias, y muéstreles dónde se encuentran los baños.

- o Deles tiempo para entrar al santuario, y observar el arreglo del espacio para el culto.

La visitación antes del culto

Si la familia tiene una visita antes del servicio, prepare a la familia antes de que lleguen los invitados. Comprenda que esta puede ser la primera vez que experimentan algo como esto.

- o Ore con la familia. Ofrezca una oración de consuelo y seguridad por la sanidad que este tiempo les podría ofrecer a la familia.

- o Haga que la familia se centre frente al ataúd.

- o Anímelos con la idea de que usted y su equipo están para ofrecerles amor y apoyo.

- o Asegúrese de que las necesidades de la familia e invitados estén cubiertas: proporcione botellas de agua, pañuelos desechables y sillas.

- o Dígales que el equipo de cuidado está allí para atender cualquier necesidad que tengan.

Antes de comenzar el culto

- o Antes del servicio, párese con la familia ante el ataúd, en su último momento para ver el cuerpo antes de que se cierre el ataúd.

- o Una vez cerrado el ataúd, invite a la familia a reunirse en un lugar cómodo alejado de donde se llevará a cabo el culto. Este es un tiempo para prepararlos emocional y mentalmente.

Capítulo Once

o Su liderazgo en estos momentos previos al culto es crucial.

- Deles instrucciones claras sobre cómo los guiará y dónde sentarse.

- Enfatice sus intenciones de celebrar la vida del ser amado, consolarlos y adorar a Dios.

- Cuando vean su disposición, se sentirán que están en buenas manos, y encontrarán la fuerza para seguir adelante.

- Si ha realizado funerales antes, conoce lo que sucede y qué esperar. Sin embargo, será una experiencia completamente nueva para muchos de los miembros de la familia. El dolor que sienten puede paralizarlos de varias maneras. Un funeral bien planeado debe durar entre cuarenta y cinco minutos a una hora. Si se extiende por más tiempo, quienes no asisten a la iglesia pueden suponer que usted siempre predica de esa manera, y se alegrarán de que solo vengan a los funerales en su iglesia. Eso no es lo que usted quiere.

- En cualquier caso, ¡usted quiere terminar dando consuelo y paz a todos! Los difuntos ya están con Dios. «Apoyémonos unos a otros y ayudemos a la familia a medida que siguen hacia delante con sus vidas». ¡No vacilen en su esperanza! Irradie su fe para que, incluso, los que no asisten a la iglesia, quieran regresar por más. Es difícil imaginar una mejor herramienta para hacer crecer a su iglesia que un funeral bien planificado.

Historia de redención #10: Pastor joven

Recientemente, un pastor joven llamó para preguntar cómo cuidar a su comunidad. La comunidad acababa de sufrir la muerte de un adolescente una semana, y luego, en la semana siguiente, un niño de cuatro años había sido asesinado.

Hablamos –él y yo– de la necesidad de ser claros con la congregación. Sugerí que tal vez él podría preparar una serie de sermones, de dos o tres semanas, sobre las preguntas: «¿Por qué?»: ¿Por qué Dios permitió que esto sucediera? ¿Por qué le pasan cosas malas a la gente buena? ¿Por qué nos duele tanto? ¿Qué hemos hecho para merecer esto?

Lo animé a involucrar voluntarios para ayudarlo a continuar visitando a las familias. La presencia del pastor era importante, pero él también necesitaba ser mentor y guía para líderes en este proceso de brindar el cuidado congregacional. Hablamos sobre ayudar a otros a saber qué decir en esos momentos. A veces, no decir nada es lo mejor. Solo su compasión y presencia es todo lo que se requiere en estos momentos.

Recordé a un padre, cuyo hijo de catorce años, había sufrido de depresión y se había suicidado. Él dijo que un amigo en particular no trató de decir nada, solo lo abrazó y le permitió llorar. A veces, menos es mejor. Además, ninguna palabra puede quitar el dolor.

También animé a este pastor joven a ofrecer una clase, de cinco a seis semanas, sobre el duelo.

Por último, sugerí al pastor poner en su calendario fechas importantes para llamar o enviar una tarjeta a las familias. Los cumpleaños y las fechas de fallecimiento son especialmente importantes. Los aniversarios seguramente despertarán recuerdos y sentimientos.

Seguimiento al cuidado brindado

¡El cuidado posterior es muy importante! Planifique cómo hará el seguimiento e identifique quién le ayudará en esto. Sin un plan, el cuidado posterior se puede olvidar o descuidar al considerar las otras demandas del ministerio.

- o Hacer llamadas telefónicas en un horario específico, ya sea de parte del pastor/de la pastora o el/la MCC.

- o Anote los cumpleaños, las fechas de los fallecimientos, los aniversarios de bodas y los días festivos. Programe el envío de una nota o una llamada en estos horarios. Estos pueden ser de parte del pastor/la pastora o del MCC.

Capítulo Once

o Invite a la familia a asistir a cualquier servicio de conmemoración, como el Día de todos los Santos.

o Continúe llamando, incluso, años después del evento. Será un héroe (no que esté buscando ser uno, pero encontrará que las familias estarán muy contentas de que todavía recuerde a sus seres queridos).

o Enviar libros sobre el duelo y notas cada cuatro meses, después de la fecha de la muerte del ser querido. Incluya pasajes de las Escrituras en las notas, y ofrezca consuelo y esperanza. Es posible que necesiten múltiples invitaciones para comenzar a asistir a un grupo, o tal vez un/una MCC de confianza podría asistir con ellos en sus primeras reuniones.

Ideas adicionales sobre la redención

Recuerde que Dios la/lo ha ungido para hacer esta obra santa.

o Lo que usted hace ofrece redención y restauración a las personas, familias, su comunidad y, ciertamente, al mundo entero.

o Dios también le unge para ayudar a otros en su congregación a encontrar su llamado, sus formas de ministrar y cuidar a los demás.

o El cuidado congregacional no es una tarea individual; es una forma de vivir juntos como el cuerpo de Cristo.

La evaluación de su entorno

o ¿Tiene usted actualmente…?:

- ¿Un memorial escrito junto a la cama?

- ¿Un enfoque para planificar un funeral?

- Una liturgia o muestra de un programa para un culto conmemorativo o funeral?

- ¿Tiene frases clave que pueda incorporar en el culto de muerte y resurrección?

- ¿Cómo expresa su teología personal sobre la muerte y resurrección?

- ¿Cómo usted acompaña a una familia cuando la muerte es inminente?
    - ¿Cuál es su estándar para guiar a la familia a través del proceso de la muerte?
    - ¿Va inmediatamente a lugar que se le necesita cuando lo/la llama la familia?
    - ¿Cómo se siente acerca de la unción de un cadáver?

- ¿Cómo cuida a la familia después de la muerte de un ser querido?
    - ¿Qué estándar usted sigue para proveer el cuidado?
    - ¿Cuál es su plan de seguimiento de cuidado para el primer año y años posteriores?

- ¿Cómo expresa usted el mensaje del evangelio de esperanza a las personas que no se reconocen como religiosas?

- ¿Está preparado su culto de muerte y resurrección para...?:
    - ¿Honrar a la persona fallecida?
    - ¿Consolar a la familia?
    - ¿Invitar a las personas que no son religiosas a recibir el mensaje evangelio de resurrección y esperanza?

- ¿Puede citar un ejemplo de redención que está ocurriendo en el viaje de una familia a través del valle de sombra de muerte?
    - ¿Qué hechos ayudaron a que sucediera esa redención?

Capítulo Doce

La documentación y las logísticas

Notas para el adiestrador/la adiestradora

En el capítulo 3 presentamos el tema de la documentación y las logísticas, y explicamos por qué creemos que debe planificar cuidadosamente estos aspectos de su ministerio del cuidado congregacional. Le animamos a desarrollar la documentación y el flujo logístico en su iglesia. Este capítulo da el siguiente paso, y proporciona un marco sobre el cual construir, equipándolo para crear los sistemas y herramientas que necesitará en su propio y único contexto. Tendrá que hacer algún trabajo por su cuenta antes de usar el contenido de este capítulo para capacitar a sus MCC. Debe desarrollar un claro sistema de documentación definido y afinar las logísticas, antes de presentar esta información a los participantes del adiestramiento a los MCC, para que entiendan qué hacer y cómo hacerlo. Consulte el capítulo 3 para obtener preguntas puntuales que lo/la ayuden a diseñar el sistema de documentación y el flujo logístico que funcionará mejor para su congregación.

Tres pasos generales

Comience esta sesión con la explicación de los tres pasos generales para proporcionar un excelente cuidado a través del modelo de ministerio del cuidado congregacional. Diga: «En este modelo, hay tres pasos simples y generales para brindar el cuidado de manera efectiva como congregación».

- o El recibo y envío: el director/directora y el despachador/la despachadora seleccionan asignan cada solicitud de atención a un/una MCC.

- o El seguimiento: Los MCC reciben sus asignaciones semanalmente y dan seguimiento a las personas que solicitan el cuidado.

- o La documentación: Después de cada seguimiento asignado, el/la MCC documenta su interacción con la persona que está bajo su cuidado.

En este capítulo discutiremos cómo hacer cada uno de estos pasos de manera efectiva y eficiente. Antes de profundizar en cada paso, discutamos las herramientas y la tecnología que se pueden utilizar en equipo para lograr nuestros objetivos.

Presente las herramientas y la tecnología que ha elegido utilizar. Explique las expectativas en torno al uso, nombres de usuarios y contraseñas. Hemos encontrado útil mostrar un tutorial breve, que explica cómo utilizar las funciones básicas. Esté listo/lista y con la disposición a responder a preguntas y a ayudar a las personas, que pueden encontrar la tecnología intimidante o difícil de navegar. Si este tampoco es su punto fuerte, considere contratar a un experto/una experta en tecnología. Ofrézcase como voluntario/voluntaria para presentar estos elementos. Asegure a los MCC que la documentación en papel es una opción para quienes se sienten intimidados con la idea de usar un formato digital.

El recibo y el despacho

Diga: *«Ahora que tenemos las herramientas y la tecnología, discutamos cómo los utilizamos en nuestro proceso de tres pasos. Nuestro primer paso, el recibo y el despacho, incluye recopilar todas las solicitudes de oración y cuidado y asignarlas a los MCC».*

Explique el proceso de cómo un/una miembro de la congregación puede solicitar oración o cuidado en su iglesia Comparta cómo se seleccionan y se documentan las solicitudes, y luego, cómo y cuándo los MCC reciben sus asignaciones de brindar el cuidado durante la semana.

El seguimiento

Diga: *«Una vez que un/una MCC haya recibido sus asignaciones para la semana, el siguiente paso es hacer un seguimiento de esas asignaciones».*

Explique el proceso de seguimiento de los MCC. ¿Cuáles son las expectativas en torno a la puntualidad y la confidencialidad del seguimiento? Si hay confusión en torno a una petición de oración o a quién contactar, ¿cómo discernirán los MCC el próximo paso? Quizás un flujograma, similar al del capítulo 3, les podría ser útil. Recuerde a los participantes todos los módulos de capacitación anteriores —aliénteles a que escuchen y sigan todas las guías relacionadas con la reunión en persona, y cómo manejar tipos específicos de solicitudes de oración y cuidado. Recuérdeles orar con quien solicitó oración.

La documentación

Diga: *«Después de completar cada visita o llamada de seguimiento, debe documentarla. ¡Recuerde la importancia de la confidencialidad! No comparta ninguna información intercambiada en estas llamadas o visitas confidenciales con cualquier persona fuera del ministerio del cuidado congregacional. Les pedimos que documenten detalles como la fecha, tipo de llamada, y cualquier nota importante, así como las próximas fechas especiales, etc. Si hay señales alarmantes, comuníquese con el pastor/la pastora para determinar cómo proceder ante tales circunstancias».*

Explique el proceso de la documentación a los MCC. Todo el papeleo relacionado, incluyendo: referencias, información de contacto de la familia, contratos de seguridad y autocuidado, hojas de trabajo del cuidado pastoral y hojas de trabajo del historial de cuidado. Ver dichos formularios al final del libro. Comparta cómo almacenar la información y utilizar la tecnología para la documentación. Recuérdeles el porqué la confidencialidad es tan importante. También el mantenimiento de los registros es igualmente importante, para tener una imagen precisa de cómo se está proporcionado el cuidado a nombre de la iglesia.

Las expectativas de los MCC

A medida que sus módulos básicos de capacitación lleguen a su fin, asegúrese de expresar con exactitud las expectativas sobre cuántas horas a la semana un/una MCC debe brindar el cuidado. Anime a sus MCC a que le informen sobre los conflictos de programación, y cualquier necesidad de adaptación para proporcionar un cuidado de calidad a nombre de la iglesia.

1. Cada MCC recibe ___ personas para llamar/visitar por semana/mes.
2. Cada MCC es responsable de dar seguimiento, y asegurarse de que se realicen las visitas. Si no puede visitar ese mes, pida ayuda a otro/otra MCC que lo/la sustituya en esa asignación. Asegúrese de comunicarlo a las personas que normalmente visita.
3. Le corresponde al despachador/a la despachadora comunicar las nuevas asignaciones.

Historia de redención de una mujer joven en duelo

Leí una tarjeta de una joven que había escrito que su abuelo había fallecido recientemente. Puse la tarjeta en la pila habitual, bajo la categoría de condolencias y duelo, con la certeza de que sería atendida. Pero algo seguía trayendo a mi mente a esa joven. Por esa tarde, no pude aguantar más y respondí a la nota con una llamada telefónica.

La llamada comenzó como de costumbre: «Hola, ¿cómo estás? Soy la pastora Karen». Antes de que pudiera extender mis condolencias, la voz de la joven mujer se quebró y dijo: «¿Cómo supo

Capítulo Doce

que debía llamarme?» Y comenzó a decir que acababa de regresar de una cita médica, en la cual se enteró que tenía cáncer.

Esa llamada me golpeó como si hubiese sido una tonelada de ladrillos. Lo que llegué a entender fue que Dios me había estado respondiendo mientras oraba por las cartas.

Señor Dios, venimos a ti con gratitud por tu presencia, mientras caminamos junto a la gente en crisis. Te confesamos que podemos estar temerosos o inseguros cuando nos acercamos situaciones traumáticas, por lo que te pedimos que nos ayudes a seguir tu guía en oración. Ayúdanos a ser tu canal de paz, esperanza y redención, para que venga tu reino a la tierra. Todo esto oramos, en el nombre de Cristo. Amén.

Tercera Parte
El cuidado de las personas en crisis

Capítulo Trece

La crisis y el trauma

Cuando yo (Karen) me senté con mi colega pastoral, ella me contó cómo había soportado cinco abortos espontáneos durante poco más de un año. Ella me ayudó a aprender más sobre su dolor y el silencio que mantuvo mientras continuaba con su ministerio. Mientras la escuchaba, mi corazón se abrió a una mayor comprensión de la profundidad de este trauma.

Tales situaciones traumáticas y «oportunidades» de aprendizaje son comunes para los pastores y los MCC de todo el país. Tan desafiante como estos momentos traumáticos, que suceden a través de nuestras comunidades, ofrecen una apertura para la iglesia brindar la sanidad de Cristo. Este capítulo abordará algunas situaciones muy actuales, y cómo podemos estar preparados para guiar a la gente a través de los momentos más dolorosos en sus vidas.

Entendimiento básico de la crisis y el trauma

Tomemos un momento para diferenciar entre las palabras crisis y trauma. Para nuestros propósitos en este texto, la palabra crisis nos ayudará a nombrar lo que es una situación severa como: el aborto espontáneo, la agresión sexual o la pérdida financiera. El trauma son los efectos a largo plazo del evento de crisis, y cómo la situación afecta a nuestro bienestar físico, emocional, relacional y espiritual.

Nuestra profundidad del entendimiento de la crisis, y del trauma resultante, tiene que ver con muchos momentos construidos a partir de nuestras propias situaciones de vida. Cada vez que entrevistaba a candidatos para un ministerio en particular en la iglesia, la pregunta más importante (en mi mente) era sobre qué evento en sus vidas les ayudó ellos a acercarse más a Dios o a la comunidad cristiana. Las respuestas a esta pregunta, siempre me abrieron los ojos a sus fortalezas, y cómo podrían servir mejor en nuestro ministerio.

Una ocasión en particular, estaba entrevistando a diferentes personas para ocupar el puesto de quien sería mi asistente. Había dos candidatos muy calificados. Sin embargo, cuando hice la pregunta, arriba mencionada, a la persona que se le dio el trabajo, me compartió una experiencia personal. Ella me contó de cómo su hijo, de cuatro años, fue atropellado frente a su casa. Al momento de la entrevista, había pasado seis años del evento y ella estaba en condiciones para hablar de su dolorosa historia. Me contó cómo la iglesia la ayudó a ella y a la familia durante semanas y años por delante. Por su compostura y capacidad para contar su historia, supe que esta mujer podía caminar a mi lado cuando ocurriera cualquier tipo de crisis. Además, esperaba que, a través de nuestro trabajo juntas, ella continuara su proceso de sanidad en un nivel de mayor profundidad de lo que ella esperaba.

Algunos teólogos hablan de tres órdenes de sufrimiento. El primer orden es donde las cosas no se pueden controlar, como: el duelo, la enfermedad y la separación o divorcio. El segundo orden es causado por actos de la maldad humana, tales como: asesinato, violencia, prejuicio y guerra. En los recientes años, la tercera orden del sufrimiento se describe como un tipo de desesperación y desesperanza que se apoderan de las personas en medio del sufrimiento del primer o el segundo orden, y las mantiene atrapadas en su dolor, incapaces de seguir adelante. Eventos como un tiroteo masivo puede imponer tal impotencia y el trastorno de estrés postraumático (PTSD, por sus siglas en inglés). Como iglesia debemos continuar esparciendo en el mundo el mensaje del evangelio de la resurrección, y ayudar a la gente a levantarse en medio del dolor. Pienso que una crisis puede aplastarnos, paralizarnos, enfadarnos, llevarnos a la desesperación, o nos puede impulsar a mayores visiones de propósito y de misión más de lo que creíamos posible.

Una crisis nos brinda la oportunidad de un gran crecimiento. Cada experiencia es una maestra. Nuestro mayor crecimiento puede ocurrir cuando abrazamos los momentos difíciles con gratitud, y les permitimos que nos formen en nuevas criaturas en Cristo.

Como cuidadores y peregrinos que caminan junto a la gente, a través de la crisis y el trauma, es muy útil tener un grado de experiencia similar de dolor en nuestra propia vida. Uno de mis grandes mentores siempre me enfatizó la importancia de la verdadera empatía. Como ella dijo: «Debemos revelar para sanar». He transmitido este sabio consejo a cientos de personas en sus respectivos viajes: que podrían tener la valentía de compartir sus historias, mientras buscan la más completa sanidad de sus heridas.

Es por eso por lo que las personas sanadoras con heridas, son muchas veces las mejores cuidadoras, a medida que van entendiendo más completamente el trauma a largo plazo que podría enfrentar una persona. Muchas veces, la gente siente esperanza a través de la vida de quienes han vivido situaciones similares, pues, no solo sobrevivieron, sino que lograron sobreponerse a los efectos del trauma.

Tres acciones inmediatas básicas para usted responder a cualquier tipo de crisis

1. Ore por guía, fortaleza y seguridad para que pueda escuchar la voz de Dios. Muchas veces, me he sentido inadecuada o temerosa cuando abordo la situación. Ciertamente, debemos estar centrados en la gracia y el amor de Dios mientras ministramos en cualquier situación.

Capítulo Trece

2. **Responda rápidamente.** Una vez que sepa que ha ocurrido una crisis, responda inmediatamente al llamar a su pastora/pastor (como un/una MCC), para recibir instrucciones o vaya usted al lugar que se necesita a proveer el cuidado. Si no puede llegar el pastor/la pastora no trabaje por su cuenta, sino más bien reclute a otros para que lo/la ayuden a proveer el cuidado necesario.

3. **Sea la presencia de Cristo.** Nuestro trabajo no es ofrecer alguna especialidad de cualquier forma logística (aunque hay excepciones), sino más bien ofrecer el cuidado espiritual que se necesita en los momentos de crisis. A veces, no es necesario decir una palabra, sino que simplemente al estar presente puede ser la bendición más importante para quien lo necesite.

Es absolutamente esencial que nuestra propia teología, como personas de fe, sea bien pensada. Probablemente, es lo más importante. Recuerde que la crisis y el trauma no son la voluntad de Dios para nuestras vidas, sino el resultado de vivir en un mundo imperfecto, donde suceden cosas malas. Dios está con nosotros a través de la crisis, y nos ayuda a tener nuestros propios momentos para resucitar del trauma. Como cuidadores, es esencial poder asegurar a las personas que Dios está con ellas, ayudándolas a superar el dolor, y eventualmente, ayudándolas a levantarse como nuevas criaturas en Cristo.

Qué decir y qué hacer se volverá más claro, a medida que avancemos a través de los diferentes tipos de crisis señalados en este y siguientes capítulos, como: el abuso, el divorcio, el duelo, la ira, la ansiedad y la depresión. Tomar tiempo para visitar, junto con otros MCC y pastores, sobre las diferentes situaciones antes enumeradas, le ayudarán a tener más seguridad cuando se le dé la «oportunidad» de proveer el cuidado.

El cáncer y las enfermedades crónicas

Puntos para la conversación/información

o Ame la parte física de usted que porta el cáncer u otras enfermedades crónicas.

o Trate con cuidado su cuerpo a través de la dieta, el ejercicio y el descanso.

o Céntrese en las oportunidades del tratamiento.

o Encuentre alegría dentro de la adversidad cuando sea posible.

o Pida a quienes lo/la apoyan, que estén con usted donde quiera que esté, ya sea que tenga dolor o los necesite como animadores.

Las Escrituras

o Salmo 121

o Salmo 63:8

o Isaías 43:1-7

o Lamentaciones 3:32

o 2ª a los Corintios 4:8

o Filipenses 4:13

o Hebreos 12:2

o Santiago 5:13-15

o 1ª de Pedro 5:7

Oración

Señor, dijiste que cuando caminemos por el agua, estarás con nosotros; somos preciosos a tus ojos, y tú me amas. En este tiempo de prueba de salud y adversidad, necesito más que nunca ser consciente de tu presencia. Señor, algunos días me siento presionado/presionada por todos lados, pero contigo cerca no me siento aplastado/aplastada. A veces, me siento derribado/derribada, pero no destruido/destruida. Cuando esta enfermedad me haga sentir como si no tuviera control,

Capítulo Trece

Señor, dame fortaleza y valentía, sostenme en la palma de tu mano, y dame paz. Amén.

Lecturas y recursos sugeridos

o Grupos de apoyo a personas con cáncer

o Cuidado pastoral continuo y oportunidades de recibir consejería de la iglesia

o Sociedad Americana contra el Cáncer

o Haga saber sus deseos sobre su cuidado médico, por Center for the Practical Bioethics, está diseñada para guiarle a usted, familiares y amistades en el proceso de planear una directiva de salud anticipada. (https://www.practicalbioethics.org/wp-content/uploads/2021/09/caring-conversations-2019-spanish-complete.pdf.)

El duelo

Puntos para la conversación/información

o El duelo incluye una tristeza que es única, y una respuesta natural a pérdida. Usted puede planificar maneras de hacer el duelo.

o Puede hablar en voz alta con un confidente de confianza (o escribir en un diario) sobre los sentimientos que está experimentando. Nombrar y ser honesto/honesta sobre sus sentimientos (que pueden ser contradictorios y parecer irracionales), reconocerá que no hay nada malo con sus sentimientos.

o La forma en que elige responder a sus sentimientos es importante (y esencial).

o Cuando haga la pregunta «por qué» (y lo hará), reconocerá que, si bien puede haber respuestas, las mismas no harán que la pregunta no se la haga una y otra vez, y es parte de su proceso normal de duelo: «Sí, pero ¿por qué mi ser querido?».

o Cuando piensa o trata de entender a través de preguntas como: «¿Por qué yo?», o «¿Por qué mi ser amado?», podría intentar preguntar en voz alta lo contrario: «¿Por qué no yo?», «¿Por qué no tendría que pasar por estas experiencias, que suceden todos los días en este mundo caído?».

o Cuando le hace a Dios, y a usted mismo/misma, esta pregunta, se podría sorprender (y a la vez sentir apoyo) con s respuestas honestas. Sobre todo, recuerde que por el amor incondicional de Jesucristo, usted es una persona de Pascua; es una persona de la resurrección.

o Seguro que sentirá tristeza, porque ya no tiene a su ser querido con usted, y puede sentir dolor de que su ser amado sufrió antes de la muerte. Sin embargo, al pasar por la muerte, el ser amado está en los brazos pastorales y el cuidado eterno de Dios (Romanos 8:35, 37-39).

Las Escrituras

o Salmo 2

o Isaías 43:1-3

o Juan 14:1-7

o Romanos 8

o 1ª a los Corintios 15

o Apocalipsis 21

La oración

Señor, necesito tu gracia y tu fortaleza que me anime a seguir adelante. Necesito la fe para creerte y la habilidad que solo tú puedes dar para entregarte a mi ser amado a tu cuidado eterno. Señor, ayúdame a ser honesto/honesta acerca de

Capítulo Trece

mis sentimientos, y guárdame de la tendencia a elegir la amargura y el resentimiento. Concédeme la gracia de tomar un día a la vez, y comprometer mis sentimientos y recuerdos a tu eterno cuidado. Ayúdame a celebrar y a vivir con los buenos recuerdos. Ayúdame a elegir el perdón, para que un día pueda ver a mi ser amado otra vez. Amén.

El divorcio

Puntos para la conversación/información

- o Tu valor no está ligado a tu estado civil. Cuando Dios te creó, te llamó: «muy bueno/buena».

- o El divorcio es una ruptura de relación dolorosa.

- o Tener citas inmediatamente después de un divorcio puede sofocar la sanidad que necesita, porque usted podría tratar de encontrar su sanidad en otra persona.

- o Tendrá que perdonar eventualmente, por su propio bien. El perdón lo/la bendice al liberar el control que su excónyuge tenía sobre sus sentimientos.

- o Perdonar demasiado pronto puede ser peligroso para su sanidad. Cuando usted perdona, puede decidir hacerlo a través de su propio ritual (por ejemplo, escribir la palabra perdón en un papel y luego quemarlo).

- o Decir: «Te perdono» a un excónyuge, a menudo, incita a más ira y dolor.

- o Si eres padre/madre, no trate a sus hijos, independientemente de su edad, como sus cuidadores o mejores amigos.

- o Haga espacio para que sus hijos (de todas las edades) compartan su dolor, incluso, si su dolor es causado por la culpa. Ellos lo/la necesitan.

- o Los hijos adolescentes necesitan atención especial durante el divorcio:

es más probable que se comporten de manera excesivamente sexualizada, adopten una forma de desorden alimenticio, o cortarse a sí mismos.

Las Escrituras

o Génesis 1:31

o Lucas 13:10-17

o Juan 8:1-11

o Romanos 8:1

o Filipenses 3:12-15

o 1ª de Juan 4:7-20

o Apocalipsis 21:5

Oración

Dios de infinito amor y comprensión, derrama tu Espíritu sanador sobre mí, mientras hago un nuevo comienzo. Donde haya dolor o amargura, concédeme la sanidad de recuerdos y la capacidad de dejar atrás las cosas del pasado. Donde los sentimientos de desesperación o baja autoestima inunden mi ser, por favor, nutre mi espíritu con esperanza. Dame confianza, que por tu gracia mañana pueda ser mejor que ayer. Sana a mis hijos y ayúdame a ministrarlos. Oro por otros miembros de la familia y amigos, en Jesucristo mi Salvador. Amén.

Lecturas y recursos sugeridos

o Grupos de rehabilitación del divorcio para hombres, mujeres y niños

o Terapeutas matrimoniales y familiares

Infertilidad, aborto espontáneo y muerte fetal

Puntos para la conversación/información sobre la infertilidad

o Hoy, una de cada seis parejas (17 por ciento) es infértil.

o Las mujeres infértiles tienen puntajes de depresión que son básicamente indistinguibles en las mujeres con cáncer, enfermedades del corazón, o hipertensión. El costo psicológico de la infertilidad no puede ser subestimado.

o La esterilidad es la incapacidad de concebir después de intentarlo durante doce meses.

o Por otro lado, la infertilidad hace referencia la imposibilidad de que un embarazo llegue a término.

o La infertilidad primaria: la mujer no ha conseguido nunca un embarazo o no ha conseguido que este llegue a su fin con el nacimiento de un bebé. La infertilidad secundaria: la pareja ya ha tenido un hijo/hija previamente, pero tiene problemas para volver a embarazarse.

o Escuche y dé tiempo a la mujer/pareja para compartir sus sentimientos de dolor.

o Es útil el conectar a la mujer/pareja con otras personas que confrontan experiencias similares.

Recurso sugerido

o Reproducción Asistida ORG, https://www.reproduccionasistida.org/infertilidad-secundaria/.

Puntos para la conversación/información sobre abortos espontáneos

o El aborto espontáneo es perder un feto antes de que pueda sobrevivir de forma independiente, generalmente, en cualquier momento antes de las veintiocho semanas.

o Reconozca que las madres y los padres pueden sentir un dolor y expresiones de dolor muy similares, pero también pueden ser muy diferentes y lo que pueden parecer emociones extremas.

o Muchas veces las personas llevan el duelo en silencio, y recuerdan las fechas de sus respectivos abortos espontáneos sin decir una palabra a nadie. Las fechas pueden desencadenar el duelo.

o Un aborto espontáneo causará cambios físicos y hormonales que necesitan ser respetados.

Las Escrituras

o Romanos 8:24-25: Esperanza de lo que aún no tenemos.

o Isaías 40:31: La esperanza en el Señor renovará tus fuerzas.

o Mateo 5:4 (NVI): «Dichosos los que lloran, porque serán consolados».

o 1ª de Pedro 5:7: Entrégale todas tus preocupaciones a Dios para que recibas restauración por Su gracia.

o Romanos 12:12: Sé paciente y fiel.

o Jeremías 29:11: Dios tiene un plan y un futuro para ti.

o Filipenses 4:6-7: Presenta tus peticiones a Dios para que recibas Su paz.

o 2ª a los Corintios 1:3-4: Dios nos consuela en nuestra aflicción.

Capítulo Trece

Oración

Dios dador de vida, venimos a ti heridos y quebrantados, tratando de entender por qué esta vida, que esperábamos traer a este mundo, ahora se ha ido de nosotros. Solo sabemos que donde había dulce espera, ahora hay una amarga desilusión; donde había esperanza y emoción, hay una sensación de fracaso y pérdida. Hemos visto lo frágil que es la vida, y nada puede reemplazar esta vida, este niño/esta niña, a quien hemos amado antes de ver, antes de sentirla agitarse en el vientre de ____/en mi vientre. En nuestro dolor y confusión te buscamos, Señor Dios, en quien no hay vida sin significado. Prepara mi cuerpo y tráenos los profesionales médicos indicados y nuevos milagros, para que podemos concebir a un niño/a una niña. Danos tu compasión para que podamos seguir adelante con nuestras vidas. En el nombre de Cristo. Amén.

Historia personal de la Rvda. Joy Dister-Domínguez

Recientemente, me encontré con un diario, que usaba cuando era adolescente, en el que describía mis sueños y metas. Si bien, la mayoría de ellos ha cambiado, excepto uno: tener hijos. Hace dos años y medio, cuando mi pareja y yo primero comenzamos a luchar contra la infertilidad inexplicable, pasé por un proceso de duelo, tristeza y vergüenza. «¿Por qué yo, Dios? ¿Por qué nosotros?». Cuando nuestra jornada de tener hijos nos llevó a la fertilización in vitro, y consideramos esta opción, en oración pensé: «Esto resolverá nuestros problemas». Nuestra primera transferencia de óvulos fue buena, aunque dolorosa, y al poco tiempo, el perfecto embrión fue transferido a mi vientre, y comenzamos la espera. En nuestra cita de seis semanas vimos un fuerte latido del corazón, y nos dijeron que tendríamos menos del 5 por ciento de posibilidades de tener un aborto espontáneo. ¡Estábamos tan felices! Aprecié cada momento, aunque tenía náuseas horribles matutinas. Empecé a soñar con nuestro futuro bebé.

En nuestra cita de nueve semanas estábamos emocionados de poder ver cómo nuestro bebé había crecido. Al día siguiente, teníamos planes para darles la noticia a nuestros padres; nuestros corazones estaban llenos de alegría. No obstante, sabía que algo estaba mal, cuando no vimos a nuestro bebé de inmediato en la ecografía. La cara del doctor lo decía todo: el bebé se esfumó, se fue. La conmoción, la incredulidad, la ira y el dolor me quitaron el aliento. El médico y la enfermera salieron de la habitación. Abracé fuerte a mi pareja mientras lloraba y gemía, y con incredulidad él lloró conmigo. Los días siguientes tuve un D&C (dilatación y curetaje, un procedimiento para extirpar el tejido), y yo estaba entumecida, con un dolor insoportable. Sentí tanta desesperación y vacío; nuestros sueños de este niño pequeño y nuestra familia se habían ido. Nuestros padres compartieron nuestro duelo, y también, la pérdida de un nieto y sus sueños de ser abuelos. Sin embargo, yo sabía que Jesús lloraba con nosotros. Me apoyaba en Dios para salir adelante todos los días; algunos días, solo para levantarme de la cama. Luego de haber pasado los años, todavía tengo mis momentos de profunda desesperación.

Lo intentamos de nuevo meses después, y meses después de eso, y otros más. Otra ronda de fertilización in vitro, más intentos, otros abortos espontáneos tempranos, y el duelo continuó creciendo. Alguien me dijo: «No sé cómo lo haces». Le respondí: «No tengo otra opción. Me siento llamada a ser madre. Nos sentimos llamados a ser padres». Al escribir esta experiencia, me encontraba preparando mi cuerpo para la tercera ronda de fertilización in vitro, con la esperanza y la oración de que esta vez fuese diferente, y algún día sostener a nuestro bebé. He encontrado seguridad y el apoyo de amigos para procesar este duelo complejo. Soy intencional en el autocuidado, sobre todo, en los días difíciles, cuando siento profundamente el duelo por nuestros bebés que están con Dios.

Información y sugerencias por la Rvda. Joy Dister-Domínguez

- Puede haber mucha vergüenza en torno a la esterilidad, la infertilidad, el aborto espontáneo y muerte fetal.
- Es su trabajo como pastor/pastora o MCC adquiera un entendimiento básico de estas situaciones, y responda en consecuencia. Cree un ambiente seguro para que las mujeres o parejas hablen sin vergüenza, juicio y comentarios insensibles. Es importante honrar los sentimientos que tiene la gente, al no tratar de proyectar expectativas para el futuro como: «Oh, solo relájate; va a suceder». Es doloroso escuchar ese tipo de comentarios en lugar de recibir palabras de consolación.
- Los pastores y los MCC deben recomendar a las mujeres y parejas buscar asesoramiento profesional, preferiblemente,

Capítulo Trece

un psicólogo que se especialice en salud mental de la mujer, o la dirección espiritual. Cuando sea apropiado, sugiera un entierro físico con un objeto, o realice un breve culto de recordación.

Los abortos espontáneos y muertes fetales dejan cicatrices emocionales y físicos. El bebé por el que se oró, y los planes que se hicieron fueron arrancados. A menudo, la familia y los amigos no saben cómo responder. Los pastores y los MCC pueden responder con el ministerio de la presencia: llamar, ofrecer visitar y llevar una comida, flores u obsequios conmemorativos. No ofrezca argumentos baratos, ni trate de darles sentido a la pérdida espiritual. Le puede ayudar tener un suave recordatorio de que Dios está presente en sus su-frimientos, que está en duelo con ellos por la pérdida de este bebé, y que su bebé está con Dios. Honre sus sentimientos, ya que perdurarán durante días, meses, y años. Recuerde las fechas sensibles como el Día de las Madres y Día de los Padres, fechas en que ocu-rrieron las pérdidas, y ayude a honrar la pérdida en formas especiales.

Violación/asalto sexual

Puntos para la conversación/información

o No es su culpa.

o Está hecho/hecha a la imagen de Dios.

o No está solo/sola.

Las Escrituras

o Salmo 23: Dios está contigo en medio del valle de sombra.

o Isaías 43:1-5: No temas porque yo te he redimido.

o Salmo 57:1: A la sombra de tus alas me refugio hasta que pasen las tormentas.

- Salmo 71:20-21: Me revivirás y me consolarás una vez más.

- Salmo 126:5-6: Que los que siembran con lágrimas sieguen con gritos de alegría.

- Salmo 143: Oración por liberación

- Salmo 147:3: Dios sana a los quebrantados de corazón y venda sus heridas.

- Juan 4:4-24: Dios conoce nuestras historias y nos ama sin medida.

- Mateo 11:28-30: Jesús dará descanso a los cansados.

- Lucas 13:10-17: La historia de la mujer encorvada, cuando Jesús la llama de la esquina en donde se encontraba para hablar con ella.

- Juan 8:1-11: Ten cuidado al interpretar las Escrituras que haces que te lleve a creer que lo que ella está soportando es un pecado, sino más bien enfatiza que Dios está con ella defendiéndola.

- Romanos 8: Nada puede separarnos del amor de Dios.

- 1ª de Juan 4: Dios es amor y no castigo.

Oración

Señor, dame la gracia de ser honesto/honesta: honesto/honesta sobre mi dolor, honesto/honesta sobre mis sentimientos, honesto/honesta acerca de mi enojo y honesto/honesta acerca de mis preguntas. ¿Cómo pudo esto pasarme a mí, Dios? Por favor, llévame a amigos de confianza, a mentores y profesionales que puedan ayudarme a procesar lo sucedido. Dios misericordioso, ayúdame a siempre ser consciente de tu presencia, y recuérdame que soy tu hija amada/ hijo amado. A su debido tiempo, Señor, ayúdame a levantarme de las cenizas de esto, para que pueda ayudar a otros a recuperar su confianza y seguridad de que son dignos. Todo esto te lo pido, en el nombre de Cristo. Amén.

Recursos

- La Línea de Ayuda Nacional Online del Asalto Sexual ofrece apoyo confidencial gratuito las 24 horas del día, 7 días por semana a los sobrevivientes del asalto sexual y a sus seres queridos.

- «¿Qué hago ahora?», Red Nacional para el Estrés Traumático Infantil (NCTSN: National Child Traumatic Stress Network). La Red está formada por profesionales en las áreas legal, de salud, de salud mental y de medicina, que son expertos en el campo del abuso sexual infantil. (https://www.nctsn.org/sites/default/files/resources/what_do_i_do_now_acquaintance_rape_teens_sp.pdf.)

- «La agresión sexual», Metropolitan Police Department, D.C. (https://mpdc.dc.gov/sites/default/files/dc/sites/mpdc/publication/attachments/Sexual%20Assault_SPA_2.pdf.)

- Centro Nacional de Recursos de Violencia Sexual (NSVRC, por sus siglas en inglés), es la organización sin fines de lucro líder en brindar información y herramientas para prevenir y responder a la violencia sexual (https://www.nsvrc.org/about/national-sexual-violence-resource-center.)

La violencia doméstica, el abuso emocional, la manipulación sexual y la agresión son áreas importantes para que los pastores y los MCC consideren como posibles escenarios para proveer el cuidado. La sanidad de este tipo de traumas lleva años y, en muchos casos, puede dar forma a la vida de una persona para que tome fuerza y propósito, o puede incapacitar o paralizar a la víctima.

Ha sido mi experiencia personal, que el cuidado espiritual es fundamental para tener una mayor sensación de sanidad. Es fundamental que la iglesia se asocie con los profesionales de la salud, policía local y cuidadores médicos, quienes podrían ser parte del equipo de sanidad de su iglesia. Existe una alta probabilidad de que la violencia y el abuso continuarán sin ser reportados. Muchas víctimas pueden encontrarse avergonzadas o encerradas en una relación que no les permite sentirse libres para hacer las denuncias. Es importante notar que muchos ni siquiera entienden que están siendo víctimas de la depredación. El movimiento #MeToo

La crisis y el trauma

[Movimiento Yo También; se enfoca en mujeres jóvenes que han sido víctimas de abuso, agresión o explotación sexual], ha dado a las víctimas una mayor comprensión de cuán frecuentes son estas situaciones, y cómo encontrar su voz para denunciarlas.

Para sanar hay que revelar. Una vez más, la mayoría de las víctimas pueden encontrarse en situaciones en las que las personas las culparán o les dirán que ellas consienten esa situación, y eso hará que vuelvan a apagar sus voces.

Hay tantos libros de texto excelentes que pueden ayudarla/lo con hechos y entendimiento al respecto. Para nuestros propósitos, a continuación, le presentamos una versión condensada de puntos importantes a considerar para ofrecer la guía espiritual:

o *Asegúrese de que sus conocimientos teológicos incorporen la gracia y la fortaleza.* Cuando yo, (Karen) finalmente revelé lo que me estaba pasando, y el infierno que mi esposo y yo estábamos viviendo, a la primera mujer espiritual a la que recurrí me ofreció una gracia que se sentí como el bálsamo de Galaad. Ella me escuchó profundamente, y luego me proveyó: Las Escrituras, recursos devocionales diarios, un diario para escribir mis oraciones, y oportunidades para vincularme con mujeres fuertes en la fe. Nunca sentí tan plenamente los brazos de la iglesia, o entendí más claramente el mensaje de salvación del evangelio como en esos momentos.

o Porque la mayoría de las víctimas se sienten deprimidas, indignas y avergonzadas, existe la necesidad de asesoramiento y asistencia médica. En mi caso, mi peso se redujo a ochenta y siete libras, y me encontré compensando mi dolor trabajando en exceso y sacando a algunas personas fuera de mi vida. Esté alerta a los síntomas que pueden necesitar la ayuda de otros profesionales.

o Si se entera de la existencia de un depredador/una depredadora o de una situación de violencia doméstica, ¿qué debe hacer? Esta pregunta varía de acuerdo con cada situación. Lo más importante a recordar es ofrecer apoyo a las víctimas. La mayoría de las personas en estas situaciones sienten que han perdido su capacidad para tomar buenas decisiones. Si necesitan ayuda para salir de la situación, ofrézcales oraciones de aliento, y si es necesario, ayúdelas a encontrar lugares seguros

Capítulo Trece

a dónde ir. Si es una situación que significa el contacto diario con sus abusadores, ayúdelos a visualizarse a sí mismos tomando el control y a mantenerse alejados de cualquier situación vulnerable con el abusador/la abusadora. Si cree que pueden estar en situaciones muy peligrosas, ayúdelos a desarrollar planes, y tal vez, buscar órdenes protección de la policía local. Además, muchos de nosotros, como pastores y MCC, tenemos la obligación de reportar esos casos por mandato judicial. Consulte las leyes de su estado para comprender lo que le exige la ley a hacer en estos casos.

En todas estas situaciones, escuche la voz de Dios, mientras le habla el Espíritu. Como pastor/pastora o MCC, encuentre un consejero/una consejera, pastor/pastora o colega de confianza que lo/la ayude a pensar cómo puede responder mejor según la situación. Estas no son situaciones para «llaneros solitarios». La persona que recibe el cuidado estará eternamente agradecida si la situación se maneja con mucha gracia.

Dios bondadoso y amoroso, gracias por tu Espíritu vigilante y amoroso. Por favor, úsanos para ser tus canales de la paz que sobrepasa todo entendimiento a través de nuestros ministerios. Para darte toda honra, a ti, nuestro Admirable Consejero, Príncipe de Paz. Amén.

Capítulo C<small>ATORCE</small>

El ministerio de la salud mental

Así que, cuando el espíritu maligno de parte de Dios atacaba a Saúl, David tomaba el arpa y se ponía a tocar. Con eso Saúl recobraba el ánimo y se sentía mejor, y el espíritu maligno se apartaba de él.

—1ª de Samuel 16:23, NVI

Las Escrituras nos aclaran que los personajes bíblicos sufrieron la depresión y la ansiedad. Y aunque los llamaban «[espíritus malignos] de parte de Dios», está claro que estaban tratando de encontrar maneras de aliviar su sufrimiento. Otras Escrituras incluyen los lamentos del salmista, además de la desesperación y depresión de Job, Agar, Noemí y Judas. La ansiedad acompañada por el insomnio se nota en las Escrituras, cuando Jacob luchó con Dios día y noche (Génesis 32:22-32).

Mientras buscamos hacer nuestra parte para ayudar a las personas que luchan con sus problemas de salud mental la comunidad de fe puede ser clave para eliminar los estigmas y malentendidos en torno a la salud mental. Debemos ayudar a nuestras congregaciones a entender que esto no es provocado por Dios o por espíritus malignos, ni es un defecto de carácter o una debilidad espiritual. Más bien es un proceso de enfermedad. Si sufrimos una herida o lesión física, acudimos rápidamente a una sala de emergencias. Ese mismo tipo de sentido de urgencia, para buscar ayuda profesional, debe alentarse cuando las personas necesitan un consejero/una consejera, un/una psiquiatra o ambos. La mejor forma de romper el estigma es a través de clases, sermones y un cuidado personalizado, mediante los cuales se identifiquen la vergüenza y la negación.

Lo que sabemos sobre las enfermedades mentales

- En casi todos los casos, la enfermedad mental es una función de un desequilibrio químico, además, de una predisposición genética combinada con factores ambientales.

- Los estudios de resonancia magnética demuestran, cada vez más, que la enfermedad mental es mejor representada como diferencias en el funcionamiento neurológico.

- Uno de cada cinco adultos estadounidenses experimenta una enfermedad mental en un año dado.

- Las enfermedades mentales graves redujeron la esperanza/expectativa de vida hasta treinta años.

- El sesenta por ciento de las personas con enfermedades mentales no reciben tratamiento, generalmente debido al estigma.

Durante los años de la Gran Recesión, el suicidio en el área rural, donde me crie (Karen), estaba en su apogeo, debido a la vergüenza y el miedo imperceptibles. Las luchas contra la salud mental fueron, muchas veces, abordadas por las pistolas o sogas en los armarios de las familias campesinas o rancheras.

Incluso, recientemente, con una pandemia mundial, han habido casos de suicidios causados por la desesperación, el agotamiento y o el desorden de estrés postraumático (PTSD, por sus siglas en inglés).

Capítulo CATORCE

El ministerio de la salud mental

> *Así que, cuando el espíritu maligno de parte de Dios atacaba a Saúl, David tomaba el arpa y se ponía a tocar. Con eso Saúl recobraba el ánimo y se sentía mejor, y el espíritu maligno se apartaba de él.*
>
> —1ª de Samuel 16:23, NVI

Las Escrituras nos aclaran que los personajes bíblicos sufrieron la depresión y la ansiedad. Y aunque los llamaban «[espíritus malignos] de parte de Dios», está claro que estaban tratando de encontrar maneras de aliviar su sufrimiento. Otras Escrituras incluyen los lamentos del salmista, además de la desesperación y depresión de Job, Agar, Noemí y Judas. La ansiedad acompañada por el insomnio se nota en las Escrituras, cuando Jacob luchó con Dios día y noche (Génesis 32:22-32).

Mientras buscamos hacer nuestra parte para ayudar a las personas que luchan con sus problemas de salud mental la comunidad de fe puede ser clave para eliminar los estigmas y malentendidos en torno a la salud mental. Debemos ayudar a nuestras congregaciones a entender que esto no es provocado por Dios o por espíritus malignos, ni es un defecto de carácter o una debilidad espiritual. Más bien es un proceso de enfermedad. Si sufrimos una herida o lesión física, acudimos rápidamente a una sala de emergencias. Ese mismo tipo de sentido de urgencia, para buscar ayuda profesional, debe alentarse cuando las personas necesitan un consejero/ una consejera, un/una psiquiatra o ambos. La mejor forma de romper el estigma es a través de clases, sermones y un cuidado personalizado, mediante los cuales se identifiquen la vergüenza y la negación.

Lo que sabemos sobre las enfermedades mentales

- En casi todos los casos, la enfermedad mental es una función de un desequilibrio químico, además, de una predisposición genética combinada con factores ambientales.

- Los estudios de resonancia magnética demuestran, cada vez más, que la enfermedad mental es mejor representada como diferencias en el funcionamiento neurológico.

- Uno de cada cinco adultos estadounidenses experimenta una enfermedad mental en un año dado.

- Las enfermedades mentales graves redujeron la esperanza/expectativa de vida hasta treinta años.

- El sesenta por ciento de las personas con enfermedades mentales no reciben tratamiento, generalmente debido al estigma.

Durante los años de la Gran Recesión, el suicidio en el área rural, donde me crie (Karen), estaba en su apogeo, debido a la vergüenza y el miedo imperceptibles. Las luchas contra la salud mental fueron, muchas veces, abordadas por las pistolas o sogas en los armarios de las familias campesinas o rancheras.

Incluso, recientemente, con una pandemia mundial, han habido casos de suicidios causados por la desesperación, el agotamiento y o el desorden de estrés postraumático (PTSD, por sus siglas en inglés).

Como pastores y MCC, queremos ser de ayuda en estas situaciones. Es posible que no podamos ofrecer un menú completo de clases sobre la salud mental, pero iglesias de cualquier tamaño pueden comenzar con la creación de conexiones con cuidadores de la salud mental en su región, quienes puedan intercambiar ideas con usted sobre la mejor manera para fomentar ese cuidado. No importa dónde viva, puede ser un desafío encontrar recursos, donde no necesite esperar una semana o más. Por lo tanto, es esencial que una iglesia cree una lista de recursos listos para entregar a los feligreses, para darles un punto de partida. Esta lista de recursos identifica los servicios confiables de consejería y la salud mental, grupos locales de Alcohólicos Anónimos/Narcóticos Anónimos, refugios seguros para víctimas de abuso, líneas directas nacionales de la salud mental y despensas de alimentos, solo por nombrar algunos.

Como fieles MCC y pastores que ofrecen guía espiritual, nuestro papel es importante. Ofrecemos esperanza y aliento a través de las Escrituras y la oración, para que Dios esté con quienes sufren y los ame durante este tiempo de desafíos. Una vez más, enfatizamos que debemos asegurarnos de que nuestra teología refleje la gracia, sin emitir juicios en contra de la persona.

Escrituras clave a considerar

o Salmos 27; 31; 69; 71; 91; 138; 139; 143

o Lamentaciones 3:21-24

o Mateo 11:28-30

o Juan 14:27

o Filipenses 3:13-15; 4:4-7, 13

Capítulo Catorce

Cómo abordar el estigma

o Hable de las enfermedades mentales, siempre que pueda y donde pueda.

o Organice regularmente grupos, paneles y clases enfocados en la salud mental.

o Evite usar palabras vergonzosas, como: loco/loca, psicópata, demente, etc.

o No discrimine los roles de los voluntarios por motivos de enfermedad mental.

o Hable sobre el valor de recibir consejería e intervenciones médicas.

o Colaborar con los médicos del área en la programación de las citas.

o Dar acceso al personal y a los voluntarios a la capacitación en «primeros auxilios para la salud mental».

o Encuentre un profesional de la salud mental que pueda revisar la experiencia del culto de adoración de su iglesia.

o Elimine las conjeturas al hacer accesible, como sea posible, la mayor parte de su ministerio en línea.

Las diferencias entre los profesionales de salud mental

o Los *psiquiatras* son médicos que se especializan en enfermedades mentales. En la mayoría de los contextos, estos proveedores de la salud se centran en la prescripción de medicinas.

o Los *psicólogos* son médicos, con un nivel educativo de doctorado, que utilizan principalmente, la terapia de conversación para tratar a los pacientes. También pueden administrar pruebas avanzadas (trastorno por déficit de atención con hiperactividad, coeficiente intelectual, personalidad, etc.).

o Los *consejeros/terapeutas* son profesionales de la salud, con un nivel educativo de maestría que, generalmente, usan la terapia de la conversación tradicional para tratar a los pacientes. También pueden ofrecer herramientas como: la Desensibilización y Reprocesamiento por Movimientos Oculares (EMDR), neurorretroalimentación, estimulación magnética transcraneal (TMS, por sus siglas en inglés) e hipnoterapia.

o Los *consejeros especialistas en abuso de sustancias,* en muchos estados, pueden obtener una licencia sin un título avanzado, aunque la mayoría de los estados requieren un examen para obtener una licencia. Usan la terapia de la conversación y el apoyo para ayudar a quienes están en los procesos de recuperación.

Al ayudar a una congregación a elegir consejeros «cristianos», es importante ser conscientes de cuáles son su teología, métodos de formación y valores. Los consejeros adiestrados y de confianza deben respetar la diversidad y los objetivos de los clientes, y evitar imponer sus valores, actitudes y creencias. Es extremadamente importante para usted como pastor/pastora o MCC saber que el consejero/consejera ha sido investigado/a, y que sepa que los valores de la persona se alinean con los de su congregación. Trate de eliminar las barreras que impedirían a las personas de recibir asesoramiento, como:

o El costo,

o La ubicación, y

o Demasiadas/muy pocas opciones.

La *oración y la meditación* pueden ser herramientas de gran ayuda para las personas que están con luchas y desafíos. Se ha demostrado científicamente que la meditación diaria aumenta la capacidad del cerebro para procesar a niveles más altos de razonamiento. En la medida que empieza a brindar cuidado a alguien, cree un espacio de gracia, donde esa persona se pueda sentir aceptada y escuchada. Cuando estén listos, ofrézcales herramientas de meditación como la «oración usando la respiración», que se menciona en el capítulo 7. Otro método excelente de oración es al escribir en un diario. Anímelas a reconocer su dolor seguido por una aceptación del amor y la luz de Dios disponible para ellas. La respiración profunda y la liberación de su dolor alivia el estrés fisiológico que puedan estar sintiendo. La importancia de los rituales de oración diarios no debe ser exagerada. Como pastor/pastora o MCC, nuestra tarea es modelar, alentar y proporcionar herramientas para desarrollar estas disciplinas de oración.

Mientras ofrece el cuidado a quienes están luchando por mantener la salud mental, el pastor/la pastora o el/la MCC debe tener claro (pero compasivamente) sus propios límites. Por ejemplo, sea claro/clara con él/ella acerca de cuándo, dónde y la cantidad de reuniones. No se comprometa en exceso, ni dé su información de contacto personal demasiado rápido. Tenga cautela y prudencia en el uso del tacto: puede ser curativo y reconfortante o, por otro lado, confuso, hiriente y desagradable. Todas estas pautas básicas modelan a la persona, a la que le brinda el cuidado, cómo establecer sus propios límites saludables.

La ansiedad

Se ha descubierto que la ansiedad es tan peligrosa como la depresión. Así que es importante tener en cuenta algunos de sus síntomas:

o Preocupación excesiva

o Pánico, miedo e inquietud

o Problemas para conciliar el sueño

o No poder mantener la calma o estar quieto/quieta

o Manos o pies fríos, sudorosos, entumecidos u hormigueantes

o Dificultad para respirar

o Palpitaciones

o Boca seca

o Náuseas

Si nota estos síntomas, no suponga que puede ayudar a una persona sin que él/ella cuente con más ayuda profesional. Aborde la posibilidad de buscar, junto con la persona, más ayuda. Además, recuerde estos puntos:

o La ansiedad puede ser contagiosa, y puede secuestrar su capacidad, como MCC, para proporcionar un buen cuidado. Controle su propia ansiedad al respirar profundamente, y controlar su tono de voz, ritmo, respuesta y seguimiento al hacer preguntas o comentarios.

o Pare para orar. Esto puede romper el ciclo de ira, autocompasión o indecisión que puede estar interfiriendo en el camino del progreso. Le recuerdo que no puede controlar la respuesta de la otra persona o el resultado de la sesión.

o Controle la duración de la sesión. Por lo general, al principio, dígale a la persona que ha reservado una cierta cantidad de tiempo para la sesión, tal vez una hora. Cuanta mayor claridad puede dar, mejor suele ser. Establecer límites en el espacio (una lugar tranquilo y seguro) y el tiempo (decidido de antemano), le da a la gente un sentido de estructura y les ayudará a manejar mejor su propia ansiedad.

o Permítase abrirse a la gracia cuando se trata de situaciones complejas o emocionalmente desafiantes. Recuerde, cuando nos inclinamos en la tierra con la gente, como lo hizo Jesús con la mujer en Juan 8, podemos encontrarnos en circunstancias difíciles. No se desanime. Busque a un pastor/una pastora, colega, supervisor/supervisora o consejero/consejera que lo/la ayude a procesar sus sentimientos.

Puntos para la conversación/información

Para encontrar sanación para la ansiedad, dirija a la persona a reflexionar sobre lo siguiente:

Escuche la ansiedad. ¿Qué sabiduría e instrucción le da?

o Cierto grado de ansiedad puede ser bueno.

Capítulo Catorce

o El miedo difiere de la ansiedad.

o Los temores legítimos tienen un objeto.

o La preocupación obsesiva puede causar ansiedad malsana.

En la Biblia, la palabra griega para ansiedad proviene de dos raíces que significan «dividir» y «mente».

Crea que es un hijo amado/una hija amada por Dios.

¿Cuál es la causa o raíz de su ansiedad?

¿Puede nombrar los desencadenantes que le causan ansiedad?

¿Por qué quedarse atrapado/atrapada en esos patrones de ansiedad?

¿Qué se gana con sentir ansiedad? ¿Qué se gana al renunciar a la ansiedad?

¿Qué haría por Dios si no tuviera ansiedad?

Nombre algo que le resulte abrumador. ¿Por qué le da importancia a eso que le abruma?

Las Escrituras

o Efesios 3:20

o Proverbios 3:5-6

o Filipenses 4:4-6

o Isaías 43:1-5

o Hebreos 12:14-15

o Mateo 6:25-34

o 1ª de Pedro 5:7-11

o Romanos 8:26-28

o 1ª de Juan 4:16-21

o Génesis 1:31

Oración

Oración usando la respiración

Repita una frase como: «Acompáñame, Señor Jesús».

Tome dos o tres respiraciones profundas.

Repita el proceso durante dos minutos.

Oración por la serenidad

*Señor, concédeme serenidad para aceptar
todo aquello que no puedo cambiar,
fortaleza para cambiar lo que soy capaz de cambiar
y sabiduría para entender la diferencia.*

*Viviendo día a día;
disfrutando de cada momento;
sobrellevando las privaciones como un camino hacia la paz;
aceptando este mundo impuro tal cual es
y no como yo creo que debería ser,
tal y como hizo Jesús en la tierra:
así, confiando en que obrarás siempre el bien;
así, entregándome a Tu voluntad,
podré ser razonablemente feliz en esta vida
y alcanzar la felicidad suprema a Tu lado en la próxima.
Amén.*
– Reinhold Niebuhr

Recursos sugeridos

«La ansiedad», por la Biblioteca Nacional de Medicina, https://medlineplus.gov/spanish/anxiety.html.

«Ansiedad: Todo lo que debes saber», por MedicalNewsToday, https://www.medicalnewstoday.com/articles/es/ansiedad

«Recursos y ayuda para cristianos con ansiedad» por Evangelio del Día, https://evangeliodeldia.es/recursos-y-ayuda-para-cristianos-con-ansiedad/#:~:text=Recursos%20y%20ayuda%20para%20cristianos%20con%20ansiedad%201,encontrar%20los%20pr%C3%B3ximos%20pasos%20que%20funcionen%20para%20usted.

La depresión

Puntos para la conversación/información

Escuche el mensaje de la depresión. ¿Qué está tratando de decirle?

Rompa el ciclo de rumiación negativa que es parte de la depresión.

¿Qué hay de bueno en usted?

¿Quién está en su sistema de apoyo?

Utilice herramientas útiles para combatir la depresión:

o Ejercicio

o Ácidos grasos omega-3

o Luz solar

o Actividad social

o Descanso suficiente

o Una dieta saludable

Las Escrituras

o Job 19:7-10

o Salmo 13:1-3

o Salmo 34:18

o Salmo 56

o Proverbios 2:3-5

o Isaías 43:1-2, 5, 18-19

o Lucas 1:13

o Filipenses 4:13-14

o Jeremías 29:11

Oración

Dios Sanador, celebro tu poder para traer luz a la oscuridad, y sanidad y consuelo a los quebrantados de corazón. Tus caminos son misteriosos, maravillosos y muy vastos para que yo los comprenda. Como el Gran Médico, quédate conmigo en los momentos de desesperación y desesperanza. Concédeme la esperanza y la seguridad de que mi vida está rodeada por tu amor y consuelo. Eres el Dios de la esperanza. Dame las herramientas que me ayudarán a salir adelante en este difícil viaje. En el nombre de Cristo. Amén.

Recursos sugeridos

Recursos en español sobre la depresión y ansiedad, por la Asociación Americana de la Ansiedad y Depresión (ADAA, por sus siglas en inglés), https://adaa.org/recursos/en-espanol.

«Afecciones mentales: Depresión y Ansiedad», por Centros para el Control y la Prevención de Enfermedades, https://www.cdc.gov/tobacco/campaign/tips/spanish/enfermedades/tabaquismo-afecciones-mentales-depresion-ansiedad.html.

«La depresión», por la Organización Panamericana de la Salud, https://www.paho.org/es/temas/depresion.

La ira

Puntos para la conversación/información

La ira es el comienzo del sendero que apunta a algún dolor en la vida de una persona. Para encontrar sanidad para ese enojo, dirija a la persona a reflexionar sobre lo siguiente:

¿Por qué esto de todas las cosas le hace enojar tanto?

Continue con esa pregunta hasta que encuentre la herida que tiende a encerrar.

Pídale a Jesús en oración que sane ese dolor, que está alimentando su la ira.

Programe una cita con un pastor/una pastora o un/una terapeuta para hablar sobre la ira.

El objetivo no es borrar el dolor, sino reconocerlo y encontrar mejores maneras para su sanidad, y no de provocarle más ira.

Cuente hasta diez, alejarse o darse espacio puede ser útil cuando siente ira.

Las Escrituras

o Marcos 1:40-41

o Hebreos 12:14-15

o Efesios 4:29

o Santiago 1:19

Oración

Salvador mío, Jesús, mi ira no me ha proporcionado la sanidad, el respeto y la intimidad que deseo. Perdóname por las formas en que he lastimado a otras personas. Pongo el dolor, que causa mi ira, en tus manos. Sáname, Señor Jesús. Te necesito. Amén.

Recursos sugeridos

o *Controlar la ira*, por Howard Kassinove y Raymond Chip Tafrate.

o *Manejo de la ira*, por James W. Williams.

o «*Manejando la ira y el enojo*», por Salud Siempre, https://www.saludsiemprevc.org/herramientas-para-el-bienestar/manejando-la-ira-y-el-enojo.

o «*Técnicas para el control de la ira*», por Aurora López, Más vida psicólogos, https://mas-vida-psicologos-malaga.com/tecnicas-para-el-control-de-la-ira/.

o *Clases de control de la ira*, por Alcohol & Drug Evaluation, The Diversion Center, https://thediversioncenter.com/es/clases-de-control-de-la-ira/.

Capítulo Catorce

Ofrezca consuelo

Las Escrituras nos dicen: «¡Consuelen, consuelen a mi pueblo!» (Isaías 40:1, NVI). Ofrezca siempre un próximo paso para quienes brinda el cuidado, incluso, si ve a esas personas en el culto de adoración de la próxima semana.

Ofrezca controles semanales con buenos límites. ¿Quién más en su equipo ofrecería un útil apoyo compasivo? ¿Hay cursos disponibles sobre la socialización saludable o una mayor comprensión de su situación? ¿Hay formas en que pueden servir a otras personas encontrar un sentido de renovación o de propósito?

Han acudido a usted; han compartido su historia con usted, y le han ofrecido una parte de su vida, que tal vez, nadie más la haya escuchado antes. Usted está actuando en nombre de Cristo y de la iglesia. ¿Qué haría Cristo por esta oveja? Las Escrituras útiles incluyen:

o Proverbios 12:25

o Salmo 46:10

o Salmo 91

o Isaías 43:1-5

o 1ª de Pedro 5:7

Una herramienta de oración que puede compartir con esa persona es aplicar estos elementos simples a su oración:

o Reconocer cómo se siente sin juzgar.

o Ser consciente de su respiración. Inhale paz, exhale su dolor.

o Elegir llenarse de amor, luz, gracia, paz y alegría.

El suicidio

Las estadísticas son claras: el suicidio está en aumento en EE UU., especialmente, entre algunas demografías. Según el Instituto Nacional de la Salud Mental, la tasa de suicidio aumentó a un 31% de 2001 a 2017.

Las mayores tasas de suicidio se observan, especialmente, en personas más jóvenes, pero también en hombres mayores (Estadísticas del Instituto Nacional de la Salud Mental, enero de 2021).

Como proveedores del cuidado congregacional, debemos comprender nuestros roles para abordar el tema del suicidio:

- o Desarrollar una relación con los recursos de crisis en su comunidad, como: centros de salud mental, policía local, servicios de técnicos en emergencias médicas (TEM), departamento de bomberos y salas de emergencia.

- o Recuerde que no tiene la capacitación para ser un/una oficial de la policía, un/una TEM, o un médico de sala de emergencias.

- o No permita que la amenaza de suicidio sea una razón para violar los límites.

    - Estudio de caso: recibe una llamada a medianoche de una persona quien tiene una conducta suicida. ¿Qué debe hacer un/una MCC?

- o Desarrolle guías que su personal y voluntarios puedan usar y capacitar en su uso, por ejemplo, saber cuándo llamar al 911. También debe saber que hay una Línea Nacional de Prevención del Suicidio. La persona en crisis puede solo marcar los tres dígitos 988 directa (Ver más información en https://988lifeline.org/help-yourself/en-espanol/.)

- o Evite el uso de eufemismos, y hable directo y claro si sospecha que alguien podría ser suicida. Si sospecha que alguien está haciendo una falsa amenaza, es crucial permanecer hablando directo y seguir el protocolo. Esto comunica que está tomando sus palabras en serio.

- o No deje sola a una persona suicida hasta tener la seguridad de que está a salvo.

Capítulo Catorce

- Dele confianza y dígale que está bien hablar. Pregunte cada vez que sea necesario si tienen un plan o cualquier intención de acabar con su vida.

Es de vital importancia estar atentos a las señales de advertencia de un suicidio:

- La persona habla de querer morirse o quitarse la vida.

- La persona contempla una forma de suicidarse, como buscar información en línea o comprar un arma.

- La persona habla sobre sentirse desesperanzada o de no tener razón para vivir.

- La persona expresa que es una carga para los demás.

- La persona tiene una rehabilitación súbita e inexplicable de los síntomas depresivos o un panorama positivo.

- La persona duerme muy poco o duerme demasiado.

- La persona está retraída o se siente aislada.

- La persona muestra cambios de humor extremos.

- La persona está ansiosa o agitada, o se comporta imprudentemente.

Cómo responder a un suicidio

¿Cómo respondemos de inmediato como cuidadores cristianos cuando sucede un suicidio? Cuando ocurre un suicidio, Jesús (en la forma de usted) debe presentarse y, cuanto antes, mejor. Ore:

Misericordioso y amoroso Dios, siento que es la peor situación que hemos experimentado esta familia y yo. Sé que me has llamado para estar con ellos. Aunque pueda sentirme temeroso/temerosa e inadecuado/inadecuada, por favor infúndeme una sensación de paz, compasión y fortaleza, para que pueda ayudar a esta familia en estos momentos. Ayúdame a escuchar a tu Espíritu, mientras busco las palabras adecuadas. ¡Qué la paz de Cristo esté con nosotros en este día! Todo esto te lo pido, en el nombre de nuestro Sanador, Jesucristo. Amén.

Si es posible, lleve consigo a otro pastor/otra pastora o a un/una MCC. En la situación de suicidio, es probable que haya muchas personas que necesiten cuidado personalizado. ¡Este no es el momento de ser un llanero solitario! Una vez que llegue, puede haber personas que están agrupadas en diferentes grupos y otras que necesitan su espacio. Sea consciente de las personas que lo/la rodean; incluso, los socorristas pueden necesitar que usted ore por ellos.

Recordamos que, al Jesús inclinarse en la tierra, era su forma de ayudar a las personas a vivir la crisis. Un suicidio puede requerirle tirarse al suelo con la gente, o arrodillarse junto a ellas. Recuerdo que cuando Joe se quitó la vida, llegué a la casa muy poco después de su muerte, y encontré a Christine llorando, literalmente postrada en el suelo. En ese momento, yo, junto con otros cuidadores, nos acostamos en el piso con ella. Como por ósmosis, finalmente, ella encontró la fuerza para sentarse en el suelo y luego en el sofá.

Otras veces cuando la persona está en una silla, me he arrodillado al lado a ella. La mayoría de las veces, he permitido que lloren sobre mi hombro o a través de un abrazo. Permita que Dios lo/la guíe para que pueda hacer lo que se necesita, a medida que observa buenos límites mientras aborda la crisis del momento.

Es normal que una familia pruebe su teología con preguntas como: «¿Por qué Dios permitió esto? ¿Dónde estaba Dios cuando Joe lo necesitaba?» Es en ese momento cuando el cuidador/la cuidadora debe responder con claridad, pero a la vez con ternura. Mi respuesta usual a esta pregunta es que Dios estaba con Joe en ese momento, tratando de comunicarse con él, pero debido a que la mente de Joe no estaba clara, incluso, Dios no pudo obrar.

Otra pregunta común es: «¿Crees que él (o ella) está en el infierno?» Esta ha sido, durante mucho tiempo, una pregunta teológica que todavía se debate hoy en día dependiendo de las creencias. La creencia metodista unida sobre el suicidio dice:

> *Creemos que el suicidio no es la forma en que la vida humana debe terminar. A veces el suicidio es el resultado de una depresión que no se ha tratado o de un dolor o sufrimiento que no se ha atendido. La iglesia tiene la obligación de velar porque todas las personas tengan acceso a la terapia y al cuidado pastoral y médico necesarios en aquellas circunstancias que conduzcan a la pérdida de la autoestima, el abatimiento suicida o el deseo de buscar el suicidio con la ayuda de médicos. Instamos a la iglesia a que proporcione la educación que enfoque los temas bíblicos, teológicos, sociales y éticos pertinentes a la muerte, incluyendo el suicidio. Los seminarios teológicos metodistas unidos deben ofrecer cursos que enfoquen temas sobre la muerte, incluyendo el suicidio. Una perspectiva cristiana sobre el suicidio comienza con la afirmación de fe de que nada, incluso el suicidio, nos separa del amor de Dios (Romanos 8:38-39). Por lo tanto, lamentamos la condenación de personas que se quitan la vida, y consideramos injusto el estigma que tan a menudo cae sobre los familiares y amistades sobrevivientes.*[3]

Por supuesto, la gran pregunta: «¿Por qué sucedió esto?», continuará siendo preguntada, tal vez, por meses o años, después del evento. Habrá, además, otras preguntas parecidas a esta, como:

o ¿Por qué no me habló?

o ¿Por qué le hizo esto a la familia?

o ¿Por qué no lo vi venir?

Es muy importante dejar suficiente tiempo para que las personas procesen este evento con usted y otros, para que, con suerte, encuentren algo de paz en sus almas. Es importante que les asegure que nadie no es culpable de esto. Para Christine, la mente de Joe no estaba clara. Ella había hecho todo lo que pudo, y no fue su culpa. En el momento de crisis, tenga claro que cosas malas pasan a la gente buena. El brindar un espacio de gracia es esencial, sin juicio, solo gracia.

Desde el principio, es importante utilizar un lenguaje que no cause más daño. Por ejemplo, yo nunca uso la frase «cometer», porque

---

3. *Disciplina de la Iglesia Metodista Unida* (Nashville: Casa Metodista Unida de Publicaciones, 2016), ¶ 161.

teológicamente «cometemos» pecado y, ciertamente, no queremos que la familia crea que la persona ha cometido un pecado (algunos pueden decir asesinato). Más bien diga: «se quitó la vida», «completó» el suicidio o «se suicidó». Mi elección personal es «consumó el suicidio», porque ayuda a las personas a ver que hay una elección importante de lenguaje que estoy usando y, muchas veces, me preguntarán por qué digo «consumó» en lugar de «cometió». Esta pregunta ofrece una gran oportunidad para una conversación teológica.

En esos primeros momentos de crisis, quien haya encontrado el cuerpo puede necesitar cuidados adicionales. Esta experiencia puede causar un trauma a largo plazo. Es fundamental que usted sea capaz de ayudar a la persona a aprender a orar y a liberar este recuerdo. Las Escrituras pueden ser útiles. Algunos ejemplos útiles incluyen: 1ª a los Corintios 15:44, 49-57 y 2ª a los Corintios 4:12, 17-18; 5:1-3. Estas Escrituras pueden ayudarnos a replantearnos la situación en un lugar de esperanza, mientras recordamos que hay un cuerpo espiritual disponible para cada uno de nosotros. Como la persona que ofrece el cuidado es posible que también haya visto el cuerpo (y tal vez ungió el cuerpo), y puede que sea necesario para usted buscar un compañero/una compañera de oración y consejero/consejera que le ayude a procesar lo que ha visto.

Cantar una canción familiar puede ser útil para calmar la intensidad de la situación. Para Christine, cantamos *Grande es tu fidelidad*. Ella dijo que al día siguiente eligió una canción diferente. La música puede ser una fuente poderosa de fortaleza y paz en medio de un gran dolor, conmoción y miedo.

Como cualquier crisis drástica, la complejidad del suicidio requiere un esfuerzo de equipo. Es muy importante tener MCC que chequeen a la familia. El día que murió Joe, inmediatamente llamamos a dos MCC, quienes cuidaron fielmente a Christine.

Si vienen muchas personas a la casa, es bueno que, en algún momento, llame a todos a un círculo, para ayudarlos a recuperar su fe, y puedan estar seguras de que la persona está con Dios.

Muy a menudo, las familias pasan por un momento en el que sienten vergüenza por el evento. Como líder espiritual, es importante que les ayude a entender que no es su culpa, y ayudarlos a procesar la importancia de decir la verdad sobre la situación. Aquellos que han tratado de ocultar la verdad, tienden a ocultarse con un manto de vergüenza, que les impide ayudar a otros y a liberarse de su propio dolor.

Una familia, que perdió a su hija por suicidio, acudió de inmediato a ese lugar de esconder la verdad. Sin embargo, cuando empezamos a hablar de cómo compartir la verdad podría ayudar a otros, comenzaron a cambiar de opinión. Su hija había sido agredida sexualmente en su segundo año de secundaria, y ella no le dijo a nadie hasta que comenzó a experimentar una depresión severa. Eventualmente, se suicidó en su primer año en la universidad. La familia, una vez liberada de ese manto de culpa, fue capaz de animar a las personas que habían sido agredidas sexualmente, y a quienes podrían estar luchando contra la depresión. Acompañe a las personas durante esos momentos, para que pueda ayudarlas a procesar sus emociones.

Además del cuidado pastoral, el asesoramiento profesional a largo plazo es esencial para las familias de quienes se han suicidado. Como pastor/pastora o MCC, anime a la persona a buscar un consejero/una consejera o terapeuta. También puede querer que estos profesionales acudan a un grupo de duelo, para que las víctimas puedan comenzar a sentirse seguras y familiarizadas con ellos. Un grupo de duelo para víctimas de suicidio puede ofrecer inconmensurable ayuda.

Estrategias clave para un grupo de duelo tan específico

Algunas estrategias específicas para tener en cuenta incluyen:

o Buscar el liderato adecuado para facilitar las conversaciones en dicho grupo es esencial. Esa persona debe tener una teología centrada en la gracia. Aunque no es imprescindible, algunos líderes que han vivido experiencias similares pueden encarnar la esperanza para los participantes.

o Anime a los participantes a hablar sobre sus sentimientos y temores.

o Ayúdelos a entender la postura de la iglesia sobre el suicidio.

o Proporcione pasajes de las Escrituras que les ayuden a recordar personajes bíblicos que lucharon contra la depresión o la ansiedad, el suicidio: Noemí, Agar, Moisés, Sansón, Job, Jonás y Judas.

o Cuando las personas estén listas, proporcione libros y planes de estudio, que les darán las palabras precisas para lo que están sintiendo. Alguien experto en la facilitación de grupos puede ofrecer un bosquejo reflexivo sobre un capítulo de un libro o un artículo, que los ayudará a generar una buena conversación. Es posible que la discusión grupal deba ir en otra dirección a la planificada.

o Ponga atención a quienes no hayan hablado en el grupo. Cortésmente, invítelos a expresar sus pensamientos, y asegúrese de hablar con ellos, antes de que abandonen el grupo.

o Otros detalles que se deben proporcionar son: pañuelos desechables, etiquetas/gafetes con sus nombres y nombres de los profesionales de la comunidad, tales como el personal de los centros de salud mental.

La evaluación a su comunidad

1. ¿Cuáles son los principales problemas de salud mental en su comunidad?
2. ¿Quiénes están en mayor riesgo?
3. ¿Cuáles colaboraciones comunitarias deben ocurrir?
4. ¿Qué pasos debe seguir para establecer un grupo que aborde un asunto de salud mental?

Capítulo QUINCE
El ministerio de la recuperación

En la historia de la humanidad, nunca nos habíamos enfrentado a una situación tan drástica como a la necesidad de proveer cuidados para la recuperación. A partir de agosto de 2019, USA Today informó que veintiún millones de estadounidenses luchaban contra trastorno del consumo de sustancias (TCS, en adelante), y que solo una de cada diez de las personas que sufren TCS recibirá tratamiento. El Cirujano General de EE. UU. dijo que uno de cada siete estadounidenses enfrentaría problemas por el TCS. Sin duda, cada uno de nosotros puede en oración decir, al menos, un nombre de alguien cercano que lucha contra las adicciones.

> *Misericordioso Dios sanador, recordamos a nuestras familias y amigos que están en recuperación o necesitan estar en el proceso de rehabilitación. Gracias por tu presencia con ellos. Por favor, ayúdanos a poder acompañarlos y darles aliento. Todo esto te lo pedimos, en el nombre de nuestro Salvador. Amén.*

Mucho de lo que lo/la animaremos a considerar con respecto a la recuperación, lo hemos aprendido de los MCC y pastores, quienes han dedicado gran parte de su ministerio a la rehabilitación, porque ya han andado ese camino. Como la mayoría de las iglesias que inician un ministerio de la recuperación, la Iglesia de la Resurrección tenía un grupo de

Alcohólicos Anónimos (AA), que se reunía dos veces por semana en el salón más alejado de la iglesia, justo al lado de la puerta de salida, para que pudieran entrar y salir sin ser vistos. Solo por esta acción de elegir los salones para sus reuniones, les estábamos perpetuando su vergüenza. La mayoría de las personas que sufren TCS, no quieren tener nada que ver con la comunidad religiosa, por la vergüenza y los secretos que se asocian con el juicio que hace la iglesia, en lugar de mostrarles gracia. Entonces, ¿cómo creamos un ministerio de recuperación, donde la gente pueda experimentar el verdadero poder de la gracia? Ante todo, al igual que otros ministerios, necesitamos campeones que entiendan en carne propia lo que significa tener una familia de la iglesia y a un Salvador en su jornada de recuperación. [También, es necesario conocer la terminología correcta al referirnos a estas personas y sus enfermedades. Para tener mayor conocimiento sobre esto, lea el artículo «Las palabras importan: términos preferidos al hablar de la adicción» «Lecturas sugeridas», capítulo.]

El pastor Tom Langhofer vino a mí al principio de su recuperación. En ese momento, él era un laico, que quería involucrarse con nuestros ministerios de cuidado. Le pedí que observara y participara en nuestro nuevo ministerio de recuperación. Durante siete años, Tom vino y ayudó como pudo al ministerio. Se convirtió en su pasión. Mientras Tom vivía su propia recuperación, lo animé a tomar el adiestramiento de CCM. Luego, con el paso de los años, lo animé a tomar la decisión de seguir el proceso hacia el ministerio ordenado. Tom renunció a una carrera muy lucrativa, en el campo de bienes raíces, para convertirse en un pastor de la recuperación a tiempo completo. Él es solo uno de los muchos MCC, que eventualmente se convirtieron en pastores.

Guías esenciales para el ministerio de la recuperación

o Busque a las personas adecuadas que atraerán a otras al ministerio: personas dispuestas a ser vulnerables y contar sus historias a los demás. Esto puede tomar tiempo y varias personas le harán preguntas sobre el ministerio antes de estar dispuestas a ir a la gente y contarles sus historias. Una vez que las personas tienen un ejemplo como el de Tom, y ven que él/ella está trabajando en su propia recuperación todos los días en la iglesia, habrá una mayor probabilidad de que den el primer paso para servir.

o Asóciese más visiblemente con los grupos de AA y NA de su comunidad. Pregúnteles cómo usted puede ayudarlos a desarrollar sus programas.

o Si se encuentra en un pueblo o ciudad grande, cree un grupo consultivo (advisory group) con el que se pueda reunir trimestralmente para intercambiar ideas sobre cómo abordar los problemas de adicciones en su comunidad. Invite a otros grupos para que sean parte de sus trabajos de brindar recuperación. Invite, además, a consejeros locales, directores de escuelas secundarias, policía local, médicos de recuperación, hospitales o cualquier otra entidad local que puedan apoyar a las personas y a familias que buscan recuperación. Unir los brazos a otros en su comunidad, le dará credibilidad y mayor visibilidad a su programa para la recuperación.

o Coordine y celebre, si puede, una «Noche de Recuperación. Proporcione una comida, en la que los participantes puedan compartir y conectarse. Una de las características clave de las personas que sufren TCS, puede ser el experimentar una sensación de soledad. Ellos creen que son los únicos que están viviendo en ese infierno. Cuando comparten una comida con otras personas y comienzan a compartir sus jornadas de vida, las barreras comienzan a romperse. Cuando experimentan un sentido de pertenencia a un grupo que los acepta, ¡es una gran bendición para ellos!

o En lugar de tener un sermón o culto de adoración en sus reuniones de recuperación, considere la posibilidad de que una persona dé un testimonio significativo, o tenga un panel, mediante el cual varias personas compartan sus historias de recuperación.

o Busque o desarrolle su propio plan de estudios para el ministerio de rehabilitación. [Para más información sobre el tema, favor de visitar la Asociación de Psiquiatría Americana, bajo el tema de TCS, https://www.psychiatry.org/patients-families/la-salud-mental/trastorno-por-consumo-de-sustancias.]

- El trabajo en grupos pequeños es esencial para la «Noche de Recuperación». Usted puede empezar con un grupo que incluya a todas las personas. En algún momento, usted puede ver la necesidad de crear grupos que aborden las necesidades específicas de adolescentes con TCS, adicción al sexo/pornografía o grupos de apoyo para familias. Cada uno de estos grupos necesitará a alguien que pueda relacionarse con los participantes. Las almas valientes que asistan al grupo comenzarán a compartir y a crecer juntas como nuevas personas en Cristo.

- El mercadeo para su ministerio de recuperación es esencial. Los métodos habituales, como los volantes y hojas sueltas dentro de los boletines, son un primer paso. Usted podría colocar dichos volantes en lugares públicos, como en la cafetería local, el hospital, oficinas de consejeros o sitios web de escuelas secundarias. Si tiene un sitio web, asegúrese de incluirlo como una de las opciones del ministerio del cuidado que ofrece su iglesia. Un video corto de alguien invitando a la gente a venir al grupo puede ser muy efectivo.

- Recuerde que es necesario que la persona tenga la voluntad de recuperarse. El primer paso es que la persona con TCS debe aceptar que tiene el problema, y tener la intención de comenzar el proceso de la recuperación. La familia o amigos deben abordar su jornada personal a través de grupos como los de Al-Anon.

- La adicción puede ser el resultado de una herida emocional o de trastorno de estrés postraumático (TEPT), que puede ser necesario abordar con la consejería a largo plazo.

Porciones bíblicas pertinentes

- Mateo 11:28-30 (NVI): «Vengan a mí todos ustedes que están cansados y agobiados, y yo les daré descanso. Carguen con mi yugo y aprendan de mí, pues yo soy apacible y humilde de corazón, y encontrarán descanso para su alma. Porque mi yugo es suave y mi carga es liviana».

- Romanos 8:26, 37 (NVI): «Así mismo, en nuestra debilidad el Espíritu acude a ayudarnos. No sabemos qué pedir, pero el Espíritu mismo intercede por nosotros con gemidos que no pueden expresarse con palabras [. . .] Sin embargo, en todo esto somos más que vencedores por medio de aquel que nos amó».

o Romanos 7:15-20: Estos versículos son impactantes para quienes luchan contra el TCS y desean rehabilitarse.

o Romanos 12:1 (NVI): Ofrece tu cuerpo como sacrificio vivo, santo y agradable a Dios.

o Lamentaciones 3:40 (PDT): «Examinemos y evaluemos nuestra conducta y regresemos al SEÑOR».

o Santiago 4:10: Dios lo/la levantará.

o 1ª de Juan 1:9: Dios nos perdonará y nos limpiará.

o 1ª de Juan 5:14-15: Dios nos escucha si le pedimos conforme a su voluntad.

o Filipenses 3:12-16: Olvide lo que queda atrás y siga adelante.

Lecturas sugeridas

o «Las palabras importan: términos preferidos al hablar de la adicción», del Nacional Institute on Drug Abuse, https://nida.nih.gov/es/areas-de-investigacion/la-ciencia-de-la-adiccion/las-palabras-importan-terminos-preferidos-al-hablar-de-adiccion#table.

o Introducción a los trastornos relacionados con sustancias o Drogas, https://www.merckmanuals.com/es-us/hogar/trastornos-de-la-salud-mental/trastornos-relacionados-con-sustancias/introducci%C3%B3n-a-los-trastornos-relacionados-con-sustancias-o-drogas.

o *El libro grande de AA*, https://www.aa.org/es/the-big-book.

La historia de Melissa

El 30 de septiembre de 2019, recibí la llamada que había estado temiendo recibir durante quince años. «Melissa, soy mamá. Brandon, no lo logró esta vez». Luego de recibir la noticia, vi dar vueltas la habitación en donde me encontraba, cuando caí en estado de shock, con la boca abierta, y comencé a dar arcadas secas. Mi hermano había muerto de una sobredosis. Durante diecisiete largos años luchó contra la enfermedad de la adicción, que empezó luego de tener una lesión deportiva y consumir demasiadas pastillas recetadas.

Tres meses después, recibí un correo electrónico de un compañero pastor de la ciudad. En dicha comunicación él me informó sobre una familia *«generosa»* que había decidido otorgar un regalo navideño para una familia afortunada, ¡sin condiciones! Esa familia *«generosa»* quería asegurarse de pagar la cuenta de luz de alguien que realmente lo mereciera. Los criterios de mi pastor colega, sobre una persona merecedora de ese regalo era: que no fuera alcohólica, fumadora o drogona.

Mi dolor se convirtió en rabia. Brandon habría merecido vivir en un lugar cálido durante el sombrío pleno invierno, sin importar si era usuario de drogas o no. Aún no puedo superar la forma frívola en que este pastor llamó a la gente que tienen la enfermedad de la adicción a las drogas *«drogona»*. Pastores: el lenguaje que usan es importante. Cuando usamos palabras como esas para describir a un ser humano, hecho a imagen y semejanza de Dios, reducimos a la persona a su lucha. Brandon fue mucho más que su lucha. Él era dulce, juguetón, y le gustaba hacer bromas. Su sentido del humor, su risa y sonrisa eran contagiosas, y todos los que lo conocían lo amaban. Él era algo tímido, pero llenaba el silencio con un zumbido inesperado que hacía reír a todos en la sala. Cuando Brandon era niño pasaba todos los días jugando por horas en el bosque; y a medida que crecía, llegó a amar la pesca en la tierra de nuestros bisabuelos. En los días de lluvia, cuando no podíamos jugar afuera, lo podíamos encontrar construyendo fortificaciones elaboradas con almohadas, mantas, cuerdas y cualquier otro artículo doméstico que pudiera encontrar. Le encantaba ir al lago, especialmente, alrededor del cuatro de julio, donde pasaría todo el día haciendo estallar fuegos artificiales, junto a amigos y la familia. Brandon era un aficionado de la historia, un hábil soldador y un artista de corazón. Pero nadie, que lo viera mendigando a la orilla

Capítulo Quince

del camino alguna vez, sabría eso. Me duele decir que muy pocos conocían sus dones, si es que hay alguno, iglesias en mi ciudad natal, inclusive. Muchos conocían su lucha. Líderes del ministerio: les ruego que tengan compasión y misericordia de los millones de personas que luchan contra las adicciones de todo tipo.

Por cada persona que lucha contra la adicción, también hay una red de personas afectadas por esa enfermedad. Les insto a que consideren el ministerio del cuidado para amigos y familiares de seres queridos, que pueden haber perdido sus vidas, o siguen luchando o permanecen alienados. A menudo, los miembros de la familia deben definir límites muy difíciles a sus seres queridos para permanecer saludables y completos, y no permitir comportamientos destructivos. A veces, no podemos ser familia, por mucho que queramos. En estos casos, sueño con un mundo en el que la iglesia pueda ser la familia sustituta para quienes luchan contra la adicción.

Capítulo Dieciséis
El trauma comunitario

> *Todos los creyentes estaban juntos y tenían todo en común: vendían sus propiedades y posesiones, y compartían sus bienes entre sí según la necesidad de cada uno.*
>
> –Hechos 2:44-45, NVI

Desde el comienzo de la iglesia, los cristianos han reconocido la necesidad de cuidarse unos a otros «según la necesidad de cada uno». ¿Cómo extendemos el cuidado durante un desastre natural, una pandemia, después de tiroteos masivos o una crisis financiera? Brindar cuidado durante y después de esos tipos de eventos, debe ser considerado un trabajo de equipo. Ese equipo es más efectivo cuando involucra a toda la comunidad y, tal vez, ese cuidado se pueda extender a niveles estatales o nacionales.

Mientras yo (Karen) escribía este capítulo, la nación se encontraba en la décima semana del distanciamiento físico, a causa del COVID-19: la segunda gran pandemia global desde 1918. La manera en que las iglesias abordaron y respondieron a las necesidades de su gente, a niveles locales y nacionales, da mucho qué pensar. La humanidad ha sido empujada a cambios que, a veces, han ocurrido en el momento.

No importa qué tipo de desastre comunitario suceda, hay algunas maneras fundamentales y creativas en que la iglesia puede responder

Capítulo Dieciséis

inmediatamente. Para efectos de nuestros propósitos, dividiremos nuestra respuesta en tres categorías:

- Respuesta inmediata dentro de las primeras veinticuatro horas,

- Posibles respuestas a través del trauma, y

- Cambios a largo plazo.

Respuestas inmediatas

Ya sea un desastre natural como un huracán, un tornado, una inundación, terremoto, o incendios a gran escala, la clave está en la forma en que como cuidadores del rebaño respondemos de inmediato. Lo mismo aplica a las pandemias, tiroteos, desastres financieros y nacionales.

Cuando era niña, recuerdo la respuesta de nuestra pequeña iglesia rural, después de tener una gran tormenta con granizo y tornados que redujeron, en particular, nuestros cultivos y granja. Recuerdo cuando el pastor y otros voluntarios nos llamaron inmediatamente y ofrecieron ayuda con la limpieza, las comidas y el apoyo emocional. A través de los años, nuestra finca, junto a otras, sufrimos años de sequía, más granizadas, y quiebras financieras. ¿Qué necesita la gente en esos momentos?

- Llame o vaya inmediatamente al lugar del desastre, si es posible. En situaciones como una pandemia, su llamada telefónica puede ser la única manera que tiene para responder. Usted es la primera persona en responder, ya sea como pastor/pastora y MCC. Usted es la presencia de Cristo para la gente en necesidad en esos momentos.

- Escuche las historias de cómo las personas vivieron la situación grave. Permítales expresar sus emociones. Si necesitan un hombro para llorar, esté ahí para ellas. Esta es nuestra gente y ayudarla a través de su pena, dolor y miedo es absolutamente el lugar donde la iglesia puede ofrecer la luz y la esperanza de Cristo.

- Atienda cualquier necesidad física obvia, como: agua, comida, higiene y necesidades de refugio.

o Ofrezca una palabra bíblica muy breve (este no es el momento de predicar), y hágales saber que estará allí con ellos mientras pasan esa situación.

o Ore para que puedan experimentar consuelo, fortaleza, seguridad y paz.

o Antes de irse del lugar o terminar la conversación telefónica, hágales saber cómo la iglesia estará respondiendo a sus necesidades al día siguiente o durante todo el tiempo.

En un Domingo de Ramos, algunos de los miembros de nuestra iglesia sufrieron un tiroteo por motivos de odio. Dos de nosotros fuimos al hospital de inmediato para ofrecer el cuidado. Al salir del hospital, pudimos dar los próximos pasos del cuidado al reunirnos en la casa de la familia afectada. Esa noche, la familia afectada había invitado a sus amigos más cercanos para que también recibieran de nuestro apoyo. Nuestro trabajo en equipo comenzó a expandirse una vez atendimos sus necesidades durante la semana y los próximos meses. Los principales miembros de la familia estaban conectados con, al menos, un/una MCC, quien podía brindarles cuidado durante toda la semana. Debido a la situación, el equipo se dio cuenta de que estaban surgiendo problemas subyacentes relacionados con el racismo y a las divisiones políticas partidistas. Los retos relacionados con la supremacía blanca, el control de armas y la discriminación fueron algunos de los problemas emergentes.

Al movernos a través del trauma

Dentro de las veinticuatro horas, la estrategia de la iglesia comenzará a surgir. Recuerde: no es trabajo de las personas que viven la crisis llamar la iglesia y pedir la ayuda. Si espera a que la gente le pregunte, fallará en brindar el cuidado que se necesita. Como iglesia, debemos ser quienes nos acerquemos a las personas sufrientes. Puede probar con algunas cosas que pueden no funcionar y, está bien intentarlo. Como miembros del equipo del cuidado, continúen siendo creativos en lo que crean es necesario. Recuerden cómo Jesús, en Juan 21 (DHH), le hizo a Pedro la misma pregunta: «¿Me amas?» Y Pedro respondía cada vez: «Sí, Señor, tú sabes que te quiero». Y Cristo le recordaba: «Cuida de mis corderos», o «Cuida de mis ovejas». A medida que un individuo, familia, comunidad o nación se mueven a través de un trauma, la iglesia necesita ser ágil, estar preparada para adaptarse a situaciones cambiantes. Elementos para considerar:

- o Monitorear y cumplir con las pautas locales, estatales y nacionales. Buscar el apoyo de sus compañeros/colegas, a través de la conexión en su denominación en cuanto a recursos, asistencia financiera y socorristas o las primeras organizaciones que respondan ante eventos de desastre natural o crisis.

- o Comuníquese con su congregación para que entiendan por qué se están tomando ciertas decisiones. Los pastores y los MCC deben revisar regularmente que comunican el mismo mensaje a los miembros de la congregación.

- o El miedo, la ansiedad, el duelo y la necesidad financiera continuos pueden ser abordados por seguimientos regulares de parte de los pastores y los MCC. Dependiendo de la congregación, la comunidad de la iglesia puede esperar que el pastor/la pastora comience este proceso. No obstante, es trabajo del equipo del ministerio del cuidado poder multiplicar los trabajos de apoyo.

- o Crear programas de terapia del trauma, colaborar con los profesionales de la salud mental, para que tanto la atención emocional, como la espiritual puedan ser tratadas juntas, para la restauración de los individuos, familias y comunidades. Muchas veces, las personas dudan en buscar el cuidado de la salud mental. En momentos en que hay trauma comunitario, la iglesia puede ofrecer un camino inicial para que las personas superen la vergüenza o estigmas acerca de obtener cuidados de la salud mental.

- o La adoración semanal es una forma de nombrar y recordar cómo Dios es fiel a través del dolor y los desastres. Como enfatizamos anteriormente, un entendimiento de cómo Dios obra en el mundo es muy importante. Dios nos da el gran don de la elección, y ha establecido un mundo que pueden experimentar desastres naturales. Así como la gente se ha encontrado en una playa cuando ha ocurrido un tsunami. Dios permitió que la gente eligiera ir a la playa. Entonces, ocurrió el terremoto en el océano que provocó el tsunami. Enfatice que Dios camina a nuestro lado pase lo que pase. Dios llora con nosotros durante estas situaciones desafiantes.

o Considerar una serie de sermones o, al menos, un sermón para abordar la situación. Es posible que las personas necesiten pensar en los grandes «porqués», o considerar cómo la esperanza cristiana se extiende más allá de la situación actual.

o Es posible que sea necesario crear clases o grupos de cuidado en el caso del brote de una pandemia o una crisis financiera. Puede haber una necesidad de diferentes tipos de clases sobre la oración y la meditación. ¿Cuáles son las formas de ayudar a las personas con sus búsquedas de empleo en medio de una crisis financiera?

o ¿Hay necesidad de alimentos y agua (tanto de forma inmediata como permanente)? Abra su iglesia y su cocina y organice cómo proveer para las necesidades.

o Si hay necesidad de realizar funerales de forma inmediata, oriente a la(s) familia(s) y trabaje en equipo. Durante la pandemia, cuando los funerales no estuvieron sucediendo de la manera habitual, hubo que usar la creatividad. Algunas iglesias proporcionaron cultos de adoración a través del Zoom o Facebook Live, para cumplir con las normas del distanciamiento físico. Si se permitía un culto junto a la tumba, otro apoyo podía ser dado mientras los feligreses pasaban en sus carros o permanecían sentados en sus carros en el estacionamiento.

o En algunas situaciones, se puede planificar una celebración de la vida con la persona que está en un estado terminal de salud, y que pueda prestarse efectivamente antes de que muera. Si no puede celebrar un culto en el santuario, cree otras formas de celebrarlo, como a través de Zoom, o Facebook Live.

o Utilice voluntarios para satisfacer nuevas necesidades, como: repartir mascarillas/cubrebocas (pandemia), sacos de arena (inundaciones) u organizar equipos de voluntarios para la construcción de casas.

Cambios a largo plazo

Durante y después de cualquier desastre mayor, la iglesia querrá evaluar cómo respondió, y si puede haber cambios a largo plazo que puedan ser necesarios. Las preguntas para la evaluación pueden incluir:

- o ¿Cómo ustedes ofrecen el culto de adoración?
- o ¿Cómo se dio el seguimiento planeado?
- o ¿Cómo se ofrecieron el cuidado espiritual y emocional?
- o ¿Cómo se mejoró el cuidado ante la crisis financiera?
- o ¿Cómo se proporcionó vivienda segura?
- o ¿Cómo se brindó la ayuda educativa?
- o ¿Cómo se ofrecieron y recibieron los trabajos de colaboración?
- o ¿Cómo se abordó la inseguridad alimentaria?

Durante un tiempo de desastre, la iglesia que trate de trabajar sola tendrá menos impacto que el trabajo colaborativo de un grupo de iglesias y organizaciones comunitarias. La colaboración y las habilidades de trabajo en equipo son clave para la recuperación de una comunidad. Probablemente esto es obvio, pero cuando una iglesia corre hacia una comunidad en desastre, y ofrece un cuidado como el de Cristo, puede ser un tiempo increíble para ir construyendo la iglesia, mientras caminamos al lado de quienes están en necesidad. Responder al llamado de Cristo a cuidar de sus «ovejas», puede ayudarnos a convertirnos en la iglesia del futuro.

Preguntas para reflexionar

1. ¿Qué ha aprendido su iglesia a través de los retos comunitarios experimentados?
2. ¿Está usted preparada/preparado para brindar cuidado en los desastres comunitarios?
3. ¿Cómo puede ayudar su denominación?
4. ¿Está estableciendo un trabajo colaborativo a través de su comunidad? Explique.

APÉNDICES: FORMULARIOS

APÉNDICE A:

NOTAS DEL CUIDADO PASTORAL

Nombre del miembro:
_____

Fecha:: _____

❏ **Conversación telefónica**

❏ **Conversación en persona**

Personas presentes:
_____

Historial personal:
_____

Preocupaciones:
_____
_____

Pasajes bíblicos u otro cuidado ofrecido:
_____

Señales de peligro (intento de suicidio, abuso, etc.):
_____

Referidos:
_____
_____

APÉNDICES: FORMULARIOS

Historial del cuidado brindado:

Nombre:
_____

Día de la visita:
_____

Visitado por:
_____

Detalles:
_____
_____
_____

Seguimiento sugerido:
_____
_____
_____

MCC y pastor/pastora:
_____

Plan para el cuidado:
_____
_____
_____
_____
_____
_____

APÉNDICE B:

INFORMACIÓN CONTACTO DE LA FAMILIA

Su información de contacto

Nombre	Teléfono (casa)
Dirección	Teléfono (trabajo)
Ciudad/Calle/Código postal	Teléfono celular
Correo electrónico	

Miembros familiares

Nombre	Edad	Relación

Información de contacto en una emergencia

Nombre	Teléfono (casa)
Dirección	Teléfono (trabajo)
Ciudad/Calle/Código postal	Teléfono celular
Correo electrónico	

APÉNDICE C:
EVALUACIÓN DEL CUIDADO ESPIRITUAL

SIGNIFICADO SUBJETIVO DE LA SITUACIÓN

¿Qué significa para usted estar en esta situación?

¿Qué sentido tiene para usted lo sucedido?

¿Qué tipo de cosas está aprendiendo de todo esto?

¿Cómo ha cambiado la vida del individuo como resultado de la enfermedad/ situación?

¿Cómo le da sentido o entiende la enfermedad/situación?

¿Qué propósito o significado da el individuo a su vida?

¿Cuáles son sus remordimientos o necesidades de perdón no resueltas?

RELACIÓN PARA EL SISTEMA DE APOYO

¿Cómo cree que le está yendo a su familia con esta situación?

¿Qué grupo u organización es importante para brindar apoyo?

¿Qué red de apoyo tendrá disponible en casa?

¿Cuáles son los arrepentimientos individuales/familiares o las necesidades de perdón no resueltas?

CONCEPTO DE DIOS

¿Dónde está (o ves a) Dios en todo esto?

ACERCAMIENTO A LA ESPERANZA

¿Cuáles son sus esperanzas?

¿Cuáles son sus miedos?

¿Qué significa para usted tener esperanza en este momento?

¿Cómo ha mantenido un sentido de esperanza en el pasado?

¿Qué lo/la ha ayudado a superar tiempos difíciles en el pasado?

¿Qué ayuda a la persona/familia a superar momentos difíciles como este?

Antes de terminar la sesión, ¿cuáles son sus oraciones y esperanzas?

Del pastor/de la pastora: _____ Fecha:_____

APÉNDICE D:

LISTA DE COTEJO DEL CUIDADO ESPIRITUAL

Asuntos espirituales presentados por el individuo y sistema de apoyo

❏ Culpa/Perdón	❏ Desesperanza	❏ Estado de salud terminal
❏ Remordimientos	❏ Impotencia	❏ Paz
❏ Conflictos de valores/creencias	❏ Asuntos sobre la relación con Dios	❏ Asuntos relacionados a el significado/propósito
❏ Duelo	❏ Conflictos con la fe	❏ Cambios o pérdidas
❏ Asuntos sobre la vida después de la muerte	❏ Gratitud	❏ Pérdida del apoyo de la comunidad
❏ Miedo a sufrir	❏ Ansiedad	❏ Toma de decisiones difíciles
❏ Esperanza	❏ Decisiones éticas	❏ Preocupaciones financieras
❏ Miedo a la muerte	❏ Conflictos interpersonales	❏ Otros

Favor de proveer una explicación breve sobre los asuntos marcados arriba.

Componentes espirituales del plan de cuidado o intervención espiritual

❏ No hay preocupaciones	❏ Preocupación espiritual	❏ Angustia espiritual	❏ Desesperación espiritual

❏ Asuntos éticos	❏ Apoyo espiritual	❏ Referida la petición de un ritual
❏ Expresión o validación de los sentimientos	❏ Oración	❏ Referido
❏ Colaboración junto a un clérigo/una clériga	❏ Apoyo en el duelo	❏ comunicación
❏ Notificar al personal del clero	❏ Expresión o validación de creencias	❏ Facilitar el afrontar/lidiar con asunto asuntos
❏ Apoyo familiar	❏ Contar con la presencia del cuidado	❏ Rito/ritual
❏ Apoyo continuo		

❏ Establecer metas realistas	❏ Reporta menos sentimientos de culpa.	❏ Demuestra la habilidad para lidiar con asuntos.
❏ No desea se le visite.	❏ Reporta un sentido de perdón.	❏ Reporta reconciliación con otros y con Dios.
❏ Reporta menos angustia espiritual	❏ Usa la fe para enfrentar asuntos.	❏ Usa sus valores personales en la toma de decisiones.
❏ Reporta menos angustia emocional	❏ Reporta un sentido renovado de propósito.	❏ Participa en la toma de decisiones.
❏ Sentido renovado de la paz	❏ Demuestra menos ansiedad.	❏ Reporta un sentido de control/independencia.
❏ Reporta una esperanza renovada.	❏ Usa recursos espirituales.	❏ Usa un sistema de apoyo.

Favor de proveer una explicación breve sobre los asuntos marcados arriba.

APÉNDICE E:

CONTRATO PARA LA SEGURIDAD Y LA AUTOAYUDA

Yo, _____, me comprometo a trabajar en mi propia salud y seguridad y en la salud y seguridad de otras personas. Si siento que podría hacerme daño u a otra persona, acepto seguir los pasos de acción que se enumeran a continuación y solicitar ayuda.

Llamaré a una o más de las siguientes personas para hablar sobre mis sentimientos:

Haré una o más de las siguientes cosas para ayudarme a manejar sentimientos difíciles:

Buscaré apoyo adicional en una o más de las siguientes maneras:

Hoy me reuní con

(Pastor/pastora) _____
(firma)   (nombre impreso)   (fecha)

Mi firma abajo indica que me niego a recibir ayuda de emergencia, y yo soy suficientemente capaz para salir de la iglesia por mi propia voluntad.

_____
(firma)   (nombre impreso)   (fecha)

Para llamadas de emergencia, favor de llamar al 911.
Línea Nacional de Prevención del Suicidio, favor de llamar al 988.

Iglesia o Pastor/pastora _____

Hospital local _____

APÉNDICE F:

AUTOBIOGRAFÍA ESPIRITUAL

Nombre:
_____

Fecha: _____

¿Cuál es su primera memoria de la iglesia?
_____
_____
_____
_____

¿Cuál iglesia le ha brindado más fundamentos cristianos en su vida? ¿Por qué?
_____
_____
_____
_____

¿Dónde se realizó su bautismo? Describa esa experiencia.
_____
_____
_____
_____

¿Cuándo asistió por primera vez a nuestra iglesia? Describa cómo fue ese día.
_____
_____

Describa las conexiones que ha hecho en esta iglesia. ¿Por qué son importantes para usted?

_____
_____
_____
_____

¿Cuáles son sus porciones bíblicas favoritas? ¿Por qué son tan significativas para usted? ¿Qué ellas le dicen sobre su vida?

1. _____
_____
_____

2. _____
_____
_____

3. _____
_____
_____

¿Practica disciplinas espirituales a diario? De ser así, ¿cuáles son?

1. _____
_____
_____

2. _____
_____
_____

3. _____
_____
_____
_____
_____
_____

APÉNDICES: FORMULARIOS

¿Qué es lo más importante que ha hecho en su vida?
_____
_____
_____
_____
_____

¿Cuál es su legado?
_____
_____
_____
_____
_____

En la celebración al final de su vida, ¿cuáles son las tres cosas más importantes que la gente oye hablar de usted?

1. _____
_____

2. _____
_____

3. _____
_____

Otras cosas:
_____
_____
_____
_____

APÉNDICE G:
Permiso para el referido

En (nombre de la iglesia) _____, el cuidado congregacional es guiado por un equipo de consejeros, pastores, coordinadores del cuidado y otros para satisfacer las necesidades espirituales, emocionales, físicas y de relacionales de nuestra vida. A veces, puede ser necesario compartir este trasfondo del expediente del cliente para propósitos de evaluar, dirigir, y llevar a cabo, de la manera más efectiva, este cuidado. Así mismo, varios miembros del equipo del cuidado pueden interactuar conmigo, y colaborar en el proceso del cuidado.

Al firmar este formulario, doy permiso al/a la (a los) pastor(es), quienes han firmado este documento abajo, presentar el expediente de mi caso a los miembros del personal de la (nombre de la iglesia), el equipo de cuidado congregacional de _____ y la oficina del pastor/de la pastora principal, cuando sea necesario para el avance de mi cuidado. Si el pastor/la pastora me refiere a un recurso en la comunidad, esta autorización también permite que otros hagan un seguimiento de mi caso a través del correo electrónico o por teléfono. Tendrán sesenta días para compartirme sus comentarios con respecto a esta referencia. Entiendo que estas decisiones se toman de manera ética y responsable. Para honrar mi tiempo y el tiempo del pastor/de la pastora, cada cita se limitará a una hora.

Cliente

_____
(firma)   (nombre impreso)   (fecha)

Cliente

_____
(firma)   (nombre impreso)   (fecha)

Pastor/pastora

_____
(firma)   (nombre impreso)   (fecha)

Pastor/pastora

_____
(firma)   (nombre impreso)   (fecha)

APÉNDICE H:

CUIDADO CONGREGACIONAL

Nombre del/de la miembro: _____

Fecha de cuándo se creó el expediente: _____

FECHA	MIEMBRO DEL EQUIPO DEL CUIDADO CONGREGACIONAL	PROPÓSITO

APÉNDICE I:

CUATRO ESTUDIOS DE CASOS

Primer caso

Ha sido asignado/asignada a una miembro de la congregación, que recientemente ha pasado por una situación de divorcio muy difícil. La miembro tiene un hijo pequeño, y está experimentando dificultades financieras. Ella ha buscado ayuda financiera de la iglesia y no estaba feliz con el resultado que ella esperaba. Siente que la iglesia la ha defraudado. Usted se ha reunido con ella un par de veces para animarla y orar con ella. Ella empieza a llamarla/lo a menudo, a veces, más de una vez al día y espera que usted esté disponible de inmediato. Está desesperada por recibir ayuda y que alguien la escuche. ¿Como la puede apoyar mejor en su papel como MCC?

Segundo caso

Se le ha pedido que se comunique con un hombre que perdió su trabajo. Su esposa puso una petición de oración, y ha explicado que su esposo está de acuerdo con reunirse con alguien. Usted lo ha llamado, le ha dejado un mensaje telefónico y, además, le ha enviado un correo electrónico. Él no ha respondido a su llamada o correo electrónico en dos días. Entonces, lo vuelve a llamar y le deja otro mensaje. Usted no recibe respuesta. ¿Qué hace usted en esta situación?

Tercer caso

Usted está participando en una clase, que se ha estado reuniendo durante algunas semanas. Una persona nueva se ha unido a la clase, y comienza a compartir su historia trágica. Él explica que necesita apoyo, pero confía en que Dios le proveerá lo que él necesita. Luego comparte una teología, la cual no es bien recibida por la mayoría del grupo. Entonces, los demás integrantes del grupo empiezan a discutir sobre lo que él compartió, y abren sus Biblias para señalar las Escrituras que están en contra de los argumentos teológicos del hombre. Realmente, el ambiente es uno de ataque. Usted siente que el hombre está muy angustiado y enojado. ¿Qué hace usted en esta situación?

Cuarto caso

Usted se reúne con una mujer por primera vez, y ella le comparte que está viviendo con un marido, quien la maltrata. Ella comparte que es una cristiana devota, y no puede dejar a su esposo debido al pacto que ella hizo con él en el matrimonio. Además, las Escrituras que ella ha leído, le dicen que debe seguir siendo una esposa leal y dedicada. ¿Qué hace usted en esta situación? ¿Cómo puede usted ayudarla a cambiar su forma de pensar: de sentirse oprimida o victimizada, a sentir confianza en ella misma y de ser capaz de cambiar la situación en que vive?

Preguntas para la reflexión

- ¿A quién considera que sabe escuchar? ¿Por qué?

- ¿Cuál es su rutina de oración antes, durante y después de la reunión con una persona que busca recibir su cuidado?

- Usando las guías para saber escuchar, evalúe su destreza para saber escuchar (véase el capítulo 9). ¿Qué está funcionando bien? ¿Qué necesita mejorar?

Reconocimientos

Este libro es el resultado de los trabajos cooperativos de muchas personas, durante una década de practicar el cuidado en iglesias, a lo largo de EE. UU. Una multitud de pastores y MCC han dado su tiempo, experiencia y sabiduría, al compartir sus historias para ayudar a cobrar vida la logística técnica del ministerio.

Un agradecimiento especial a los líderes de todo el país, que han dado información sobre la organización del método del cuidado congregacional por los CCM en diferentes tamaños iglesias. Rev. Laura Berg (New Smyrna Beach, FL) y Rev. Joy Dister-Domínguez (Fort Worth, TX) fueron especialmente útiles en el desarrollo de casos estudios y técnicas organizativas.

Agradecemos la colaboración de James Cochran, MA, LCPC, NCC; Pastor Tom Langhofer (actualmente sirviendo como pastor de recuperación, en Iglesia Metodista de la Resurrección); y el reverendo Bill Gepford (pastor de la Iglesia Metodista Unida). Un agradecimiento especial a los ministerios del cuidado congregacional y al ministerio de comunicación de la Iglesia Metodista Unida de la Resurrección, quienes ayudaron a hacer disponible este trabajo. Este libro fue publicado por Abingdon Press, gracias al trabajo colaborativo entre Ministerios de Discipulado y la Casa Metodista Unida de Publicaciones.

Por último, queremos agradecer a nuestros cónyuges, Les Lampe y Bill Gepford, quienes han apoyado nuestros esfuerzos con el entendimiento de que los ministerios del cuidado son esenciales para que cualquier iglesia brinde su corazón.

www.ingramcontent.com/pod-product-compliance
Lightning Source LLC
Chambersburg PA
CBHW011949150426
43194CB00019B/2855